今日やるべき練習法がわかる!

金哲彦の
マラソン100日練習メニュー

金 哲 彦

実業之日本社

はじめに

記録を目指す市民ランナーにはお馴染みの『マラソン練習がわかる本』を新書サイズにリメイクし、新たにタイトルを『マラソン100日練習メニュー』として発刊することになった。

新書版のゲラをじっくり読み返し、
単行本が最初に発売された2009年からこれまでの間、
日本に起きたさまざまな出来事を思い出した。
東日本大震災、熊本地震、台風被害……
人間は自然に抗うことはできないという宿命。
頭では理解しているが、胸の奥にずしんと響くものは重い。
たとえ自然災害に遭遇しても、負けない心と身体をつくる。
そのために、マラソンにチャレンジしてもいいとさえと思う。

単行本から始まり、文庫化、そして今回の新書版刊行と判型を変えながら、いい意味で徐々にシンプルになってきた。

全国で行うランニングクリニックで、あらゆるページに付箋がついて読み込んでいる本書にサインをすることがある。

サブフォーの達成の夢を持ち続け、トレーニングに励む読者ランナーの熱意に、こちらが刺激を受けることもしばしばだ。

初出から10年経過するなか、多くの市民ランナーが記録向上を目指す一助になったことに著者として感慨無量である。

さて、本書はもともと、プロコーチやトップランナーたちが実践している正しいマラソントレーニングメニューの作成方法を、市民ランナー向けに焼き直し、できるだけわかりやすく解説したものである。

ともすれば、走る距離や時間、ペースなど、一見すると無味乾燥な数字が並んだトレーニングメニュー。そんな、ゼロから9の記号の組み合わせに意味や目的を与え、料理のレシピのように誰にでもアレンジできるようにしている。

本来、勝負や記録を左右するトレーニングメニューの実態は、十人十色である。たとえば、2人のトップアスリートが同じレースで、ともに2時間8分30秒で走ったとしよう。2人はまったく同じトレーニングをやってきたから同じタイムだったのか?

実は、それはほぼあり得ない。双子ランナーでもトレーニングメニューはそれぞれ違うアプローチだったりする。それが現実である。

同じメニューを行ったとしても、効果をもたらす負荷は、人、気象環境、コース環境によって異なる。人間はタフである部分とデリケートな部分が混在する〝生身〟である。工作機械のように故障しても簡単に部品を交換ができたり、正確なプログラミングさえすれば半永久的にずっと動き続けるというわけにはいかないのだ。

しかし、十人十色のトレーニングメニューにも、「軸」となる考え方はやノウハウは存在する。その「軸」を理解してもらうことが、本書の目的でもある。肝となる「軸」を知ってトレーニングするのとしないのでは、結果が大きく異なる。軸が理解できれば故障のリスクが減り、成功の確率が高まるのだ。

ところで、この10年。日本のマラソンシーンは変わった。

フルマラソンを目指す市民ランナーの数が増え、2015年にはついにフルマラソン完走者数がアメリカを抜き世界一になった。

この事実にはかなり驚いた。世界一が何を意味しているのか？

もちろん人口が圧倒的に多く、健康志向が強く、ランナー数が圧倒的に多いのはアメリカだ。しかし、いざフルマラソン完走となると日本がアメリカを凌駕《りょうが》する。

アメリカの場合、ハーフマラソンまでの距離なら日本をはるかに上回るランニング人口をもつ。しかし、フルマラソンに対しては「競技」というイメージが強く、健康志向の人が少し避けてしまう傾向がある。
しかし、日本人は少し違う。「どうせやるならフルマラソン」という価値観を持つ傾向がある。ランニングを健康的なライフスタイルとして楽しむことだけで満足できず、「ランニングを追求する」「マラソンを探求する」のが日本人なのだと思う。

たしかに、ランニングやマラソンには、楽しむ「レクリエーション」的な側面と、とことん追求する「修行道」のような側面がある。
どちらが正しいということはないが、後者の価値観をもつランナーにとって、本書のようなトレーニングの本質を研究する内容は、避けて通れない道だということは間違いない。

この10年で変わったことは、ほかにもある。

非公認レースとはいえ、ケニアのエリウド・キプチョゲ選手が、ついに人類として初めてフルマラソンで2時間の壁を破った。

女子マラソンの世界記録も、ついに2時間15分を切るタイムまで伸びた。その裏には、マラソンシューズの素材にカーボン（炭素繊維）が採用され、かつてない記録の進化が起こったという技術的進歩があったことも忘れてはならない。


そんななか、ずっと変わらずに受け継がれてきたものもある。

それは、運動生理学に基づいたトレーニングの基本。

そして、市民ランナーにとって、相変わらずサブフォー達成やサブスリー達成がむずかしいこと。

夢を達成するためにも、あらためて本書をじっくり読んでいただきたい。

令和元年12月　プロランニングコーチ　金 哲彦

はじめに　2
プロローグ　トレーニングメニューのつくり方　13
第1章　フルマラソンを完走する魅力　23
マラソンに秘められた大いなる魅力とは？　24
努力と工夫で自己記録にチャレンジ　28
忘れられないマラソン秘話　31
ランニングは、神経を酷使する現代人に適した運動だ　33
走ることは生まれついての本能である　35
トレーニングとはなにか？　基礎知識を学ぼう　37
なぜトレーニングをしなければならないのか？　40
知っておきたいトレーニングの基本5原則　44
トレーニングという考え方は動物にはないはず　49
トレーニングの方法はいろいろある　51

破壊と再構築を繰り返し身体は少しずつ強くなる 53
目標を達成するための準備と努力 55
ピークをレースに合わせるトレーニングの考え方 57

第2章

トレーニングの基礎知識

トレーニングの基礎知識 61
トレーニングの種類がさまざまある理由 62
WALK［ウォーク／ウォーキング］ 64
JOG［ジョグ／ジョギング］ 66
LSD［ロング・スロー・ディスタンス］ 68
RACE PACE RUN［レースペース走＆持久走］ 70
WIND SPRINT［WS／ウィンドスプリント］ 72
BUILD UP RUN［ビルドアップ走］ 74
DUSH AT SLOPE［坂ダッシュ］ 76
CROSS COUNTRY［クロスカントリー］ 78
INTERVAL RUN［インターバル走］ 80

REST［休養］ 82
トレーニングメニューの読み方と応用の仕方 84

第3章
初心者マラソントレーニング 91
目標は完走 6時間以内で完走する！
なぜ6時間？ こんな人がターゲットだ！ 92
目標は完走 100日トレーニングメニュー 96

第4章
中級者マラソントレーニング 125
めざせ！ サブ4 4時間以内で完走する！
なぜ4時間？ こんな人がターゲットだ！ 126
めざせ！ サブ4 100日トレーニングメニュー 130

第5章
上級者マラソントレーニング 159
夢のサブ3 3時間以内で完走する！

なぜ3時間？　こんな人がターゲットだ！　160
夢のサブ3　100日トレーニングメニュー　164

第6章　今からでも大丈夫　時間がないあなたへ
駆け込み30日トレーニング　193
レースまであと1カ月　完走するための最終手段！　194
駆け込みトレーニングは決して望ましいものではない　196
今からでも大丈夫　30日トレーニングメニュー　198

第7章
マラソンあれこれ Q＆A　207
マラソンに関する疑問が一気に解決する！　208
基礎トレーニング編　209
レース編　215

エピローグ
すべてのランナーの成功を願って　228

本書は『金哲彦のマラソン練習法がわかる本』（2009年小社刊）に加筆・修正のうえ、新書版に再編集したものです。

構成　中村聡宏
装丁・本文デザイン　株式会社ファーブル

プロローグ

トレーニングメニューのつくり方

東京のそこかしこで、走っている人の姿をみかける。箱根駅伝や実業団の選手ではない。いわゆる、市民ランナーといわれる人たちだ。もちろん、これまでもランナーはかなり存在した。しかし、その多くはランニングの聖地といわれる、皇居周辺、駒沢公園、代々木公園、神宮外苑、砧《きぬた》公園など、一部の限られた場所に集中していたと思う。

しかし、最近の傾向は少し違う。まさに「ところかまわず、街のいたるところで走っている」感じなのである。オフィス街、ショッピング街、国道沿い、観光地など、ランナーの行動（もちろんランニングだ）範囲は、大きく広がってきている。

ランニングブームにのって走りはじめた初心者は、走ることに関する予備知識があまりない人が多い。だから、走る場所にもこだわりがないのかもしれない。「こうするべきだ」という既成概念がなければ、走り方も、走る場所も自由だ。偉大なる素人は、怖いもの知らず。そして、神出鬼没《しんしゅつきぼつ》なのである。

また、ランナーの絶対数が増えた影響で、皇居周辺など「ランニングの聖地」といわれる場所では、交通渋滞ならぬ「ランナー渋滞」がおきている。

日本人は、もともとテレビでマラソンや駅伝など、感動的なドラマがあるスポーツ番組を観るのを好む。しかし、走ることに関しては、自分が走るのは苦手で、「好き」か聞かれれば、どちらかといえば「嫌い」な運動ではなかっただろうか？

走ることが嫌いだった人が走りだすには、理由がある。それは、大きくフィジカル面とメンタル面のふたつに分かれると思う。

まずフィジカル面では、ダイエットやメタボ対策という、現代人にとって根深く切実な理由だ。そして、メンタル面では、仕事や人間関係でたまったストレスの解消。たとえば、未婚の女性が30歳を超える前にホノルルマラソンにチャレンジするなど、人生の転機に走ることを選ぶ人が多い。

ダイエット、メタボ対策、ストレス解消、人生の転機。おそらく、すべての走る人の理由がいずれかにあてはまるように思える。ちょっと大げさだが「一億総ランナー」の時代が到来するかもしれないと、つい想像してしまう。

2000年より以前、初心者のマラソンブームを牽引してきたのは、まぎれもなく毎年12月にハワイで開催される「ホノルルマラソン」だ。

ホノルルマラソンは45年以上の歴史を誇る、アメリカ国内でも〝老舗《しにせ》〟に数えられるマラソンレースのひとつ。ところが現在では、全出場者約3万人のうち、日本人が占める割合が半数近くになった。日本人がワイキキビーチを占拠するのは、決して珍しいことではないが、ホノルルマラソンの期間中はそれが顕著《けんちょ》になる。近頃では、ホノルルマラソンツアーの予約キャンセル待ちというのも、珍しいことではなくなった。

そして、そんなマラソンブームの火をさらにたき付けたのは、「東京マラソン」

だ。

２００７年2月、それまで１００人程度のエリートランナーだけで行われていた大会が衣替えをし、市民ランナーに門戸を開き、第１回大会が開催された。現在でもその人気は上昇中である。

第１回大会から9万人近い人が参加を希望し、第２回大会では、応募総数がなんと約15万人。そして、２００９年開催の第３回大会ではその数が約26万人に達し、現在は30万人を超える。概して日本人は流行に敏感で新しいもの好きだが、やや度を超した人気ぶりかもしれない。

人気の要因はさまざまだ。ひとつはマスメディアが「東京マラソン」を盛んに取り上げたこと。人気タレントや女子アナウンサーが走ったという話題性などの影響も大きい。

しかし、それだけではない。メディアを通さず、東京マラソンに接した人々も、大きな魅力を感じるようになったのだ。

東京マラソンのレース当日、実際に銀座のど真ん中で3万人超のランナーを見たり、あるいは雷門前で知り合いのランナーを応援した人の多くは、老若男女、さまざまな人が走るマラソンというものに素直に感動し、大いに刺激を受けたのだと思う。

また、職場など身近な人から、実際に走った体験談を聞き、「いつかは自分もチャレンジしてみたい」という衝動にかられたことも容易に想像できる。誰がどう考えても、東京のど真ん中で、しかも普段は走れない車道を、堂々と自分の脚で走るのは気持ちいいことなのだ。

ホノルルマラソンと東京マラソン。開催時期や完走リミット時間（ホノルルは制限時間なし、東京は7時間）は違うが、出場者数などは似ている。一方で、ある部分が全く異なっている。それは、どの時間帯の完走者数が最も多いかという、いわゆる完走者のボリュームゾーンだ。

ずばり、ホノルルは5～6時間だが、東京は4時間台である。この差はかなり大きい。

このタイム差の要因はなんだろうか?

まず考えられるのは天候だ。ホノルルは、暑い場所でのレースなのでその分タイムは遅くなる。そして、もうひとつの大きな要因は、ホノルルマラソンにはそもそも制限時間がないことだ。

「特にトレーニングをしなくても、最初から最後まで歩いても、なんとか完走できるだろう」と、気楽に参加している人が実に多い。実際、10年ほど前は毎年私がツアーで開催しているセミナーの参加者の8割くらいが初マラソンで、そのなかの1割くらいの人が、レースまで全くトレーニングをしていない怖いもの知らずの人たちだった(2019年現在、初マラソンランナーの割合は減少している)。

一方、東京マラソンは、7時間といえどもタイムリミットがある。そして、国内で開催されるということは、当然応援もたくさん来る。

家族や知り合いが応援してくれているなかで、「颯爽《さっそう》と格好よく走りたい」と思うのは当然だろう。「格好よく走る」ために、なにかしらのトレーニングを積んでレースに臨んでいる人数が、ホノルルマラソンより東京マラソンのほうが圧倒的に多い、ということなのだと思う。

ところで、市民ランナーの人たちは、どうやってトレーニングに取り組んでいるのだろうか？

最近、ランニング関係の本の出版が増えた（かくいう私も著者のひとりだが）。研究熱心な人は、それらの本を読み、走り方やトレーニング法などを研究している。また、専任コーチがいるランニングクラブも増えてきたので、クラブに入会してトレーニング方法を学んでいるランナーも多いだろう。しかし、市民ランナーの大部分は、自己流でやっていると思う。

もちろん、自己流で成功する人もいるが、失敗するケースが多いのも否めない。マラソントレーニングの話題がでるとき、よく耳にするのが「月間走行距離」という指標だ。月間走行距離とは、1カ月にトータルで何キロ走ったかという総距離のこと。100㎞に満たない人もいれば、市民ランナーでも500㎞近く走るアスリートクラスもいる。

ちなみに、オリンピックのマラソン選手たちは月に１０００㎞以上は当たり前。箱根駅伝の選手たちでも７００㎞以上は走っている。

市民ランナーで、サブ３《スリー》（フルマラソンで３時間をきるタイムで走ること）ランナーなど、一部の速い人たちの月間走行距離は当然多い。だいたい３００㎞以上だと思う。ところが、フルマラソンを４時間、５時間、６時間で走るランナーたちの月間走行距離はバラバラである。

月間１００㎞走る人が４時間ちょっとで走れるのに、２００㎞走る人が５時間かかってしまうことがよくある。もちろん、その理由は、肉体的素養の差、レースでのペース配分、体調なども影響している。しかし、ひとつ忘れてはならないことがある。それは、走った距離が同じでも、トレーニングの中身と組み合わせによって、結果が大きく違ってくるということだ。

一流ランナーたちは、毎日「練習日誌」をしっかりつけていて、日夜「練習メニュー」を研究している。月間走行距離より、むしろ練習メニューの中身についてとても気を遣っているといっても過言ではない。それは、いくらたくさん走ったとしても、狙ったレース本番で100％の力を発揮できなければ、レースに勝つことができないからだ。

つまり、ただ漠然と距離を走る努力をするだけではダメで、頭とデータをフル活用して自分の身体を最高の状態につくり上げる道案内が、トレーニングメニューなのだ。

アテネオリンピックの金メダリスト野口みずき選手の座右の銘は「走った距離は裏切らない」だ。ただし、野口選手もただ漠然と長い距離を走っているのではなく、綿密に考えられたメニューを消化した結果、それだけの走行距離に達しているのだ。

一流ランナーのトレーニングメニューは、あまり公開されることはない。それは、トレーニングメニューそのものが〝企業秘密〟とされているからだ。たとえるならば、一流レストランの〝極秘レシピ〟のようなものである。

実はこれまで、市民ランナー向けの練習メニューについて詳しく書かれた本はなかった。正しくトレーニングを行っていれば、もっと楽に、ケガも少なく、むやみやたらに努力をすることなくマラソンを走れる人はたくさんいるはずなのに……。

ランニング雑誌の企画で、練習メニューを掲載することは多い。しかし、そのほとんどは、カレンダーのマスを埋めただけのもの。どのような考え方で、そのメニューがつくられているのかにはあまり言及されていない。

当然である。メニューをきちんと説明するには、本書くらいのボリュームがどうしても必要になる。そして、トレーニングメニューのつくり方と基本となる理論がわかれば、自分なりのアレンジもできるようになる。

一流シェフの料理教室に参加すれば、家庭で一流レストラン並みの味を楽しむことができるのと同じように、本書を最後まで読み、マラソントレーニングというものが理解できれば、あなたも一流ランナーの気持ちでトレーニングに取り組んで、自信をもってレースのスタートラインに立てるのだ。

第1章

フルマラソンを完走する魅力

マラソンに秘められた大いなる魅力とは？

「なぜ自分は、好き好んでこんなに苦しいことをやっているのだろう？」

フルマラソンのレース途中で、ふとそう考えたことのあるランナーは多いと思う。

たしかに、誰かに強制されてレースを走っているわけではない。仕事として仕方なくやっているわけでもない。むしろ、こんなに苦しいことを強制されても、断固拒否するのが普通だ。

明らかに、自ら進んでスタートラインに立っているのだ。

よくこんなケースがある。ランニング経験が全くない人が、こともあろうに熱心なランナーに向かって、「カネと時間をかけてまで、あんなに苦しいことをする気持ちが理解できない」と暴言を放つのだ。

「海外レースのたびに申請する有給休暇、よく買い替えるランニングシューズとウエア……。たしかにカネと時間をかけてるな～」

しかし、こんな苦言を呈されても、ランナーはそれほど反論する気持ちにはならないはず。むしろ、ひそかにほくそ笑みながら、「走ることの楽しみを知らないなんて、なんてもったいない人生なんだろう！」と、心の中で同情さえしているのではないだろうか。

ただし、**マラソンを趣味にしている人は、決してマラソンを楽なことだなんて考えていない。楽なことではないが、マラソンに大いなる〝魅力〟があるから日夜走っているのだ。**

マラソンを走る魅力は、人それぞれ違うだろう。

Aさんのように、あれほどまでに苦労したダイエットを、難なく実現できたことに、まるで魔法にかかったような魅力を感じる人もいるだろう。Bさんのように、走ったあとの食事やお酒のおいしさに、人生が何倍も得したような楽しみを感じている人もいる。

人によって千差万別ある魅力のなかで、マラソンを走ったすべての人が共通して感じる気持ちがある。それは、**フィニッシュラインに到達したときに得られる「達成感」だ。**

達成感とは、ひとことでは表現しにくいが、なんとも心地のいい、人生にとって欠かせない〝気持ち〟のひとつである。

たとえば、新商品の開発など目に見えるなにかをつくりあげたときに達成感を得ることができる。それが、他の誰もが成し遂げていないものや経験だったりすると、その達成感はなおさら強くなる。しかし、そんな大きなことは、誰にでも簡単にできるものではない。ましてや日常生活のなかでは、そのような達成感を味わえることは少ない。

しかし、マラソンでは、レースにエントリーし、完走さえできればそれが可能だ。途中苦労しながらも最後まで完走したとき、誰でもいつでも、どんな状況でも、ゴールタイムが悪くても、ディープな達成感を味わえる。

そしてこの深い達成感という気持ちは、年齢や性別、職業など全く関係なく、完走したすべての人に与えられるものだ。

フィニッシュ地点では、完走した人たち同士で、そこに到達するまでの長い道のりの苦労と努力を、心からねぎらい合える。

達成感とは、人間のシンプルでプリミティブ（原始的）な喜びのひとつで、完走するたびにランナーの心に深く刻みこまれるご褒美《ほうび》のようなものだ。

肉体は苦しい、しかし、心のなかは深い満足感に浸《ひた》れる。やったことのない人にはわからない、不思議な感覚。それがマラソンの大いなる魅力だ。

努力と工夫で自己記録にチャレンジ

「達成感」というご褒美を得るため、人はあえて苦しいマラソンを走る。

しかし、年に何度も完走している人にとって、完走は当たり前のことになる。達成感をそれほど感じなくなったベテランランナーは、それでも飽きることなく走り続けレースにチャレンジする。なぜだろう?

「達成感」の次にくるマラソンの魅力、それは自己記録へのチャレンジである。**記録へのチャレンジではなく、あくまで〝自己記録〟へのチャレンジということがポイントだ。**

人間は誰でも年をとる。加齢は逃れることのできない宿命だ。年をとればとるほど、肉体的には衰えていくばかりのはず。ところが、マラソンをやる人は、なぜか年を重ねるにつれ、ますますマラソンにはまっていく人が多い。

「私は60歳からマラソンをはじめて、65歳のとき3時間50分の自己記録を達成した。今75歳だけど、次のレースで70歳年代別の入賞を狙っているよ」

と語るシニアランナーは少なくない。見た目は若いけれど年齢を聞くとびっくりする人が、ランナーには多いのだ。

年を重ね、衰えていくのが当たり前の肉体が、マラソンの記録に限っては、努力と工夫しだいで伸びていく。

「加齢＝衰退・後退」という単純な図式を、「自己記録＝進歩」に変革できるのがマラソンなのだ。

世間からは、外見だけで〝中年〟とか〝お年寄り〟というレッテルをはられ、それなりの扱いしかされない人でも、マラソンの世界では違う。颯爽《さっそう》と走るその姿は、若い人から尊敬のまなざしを集める。社会的な成功などではなく、単純にひとりの人間として受ける尊敬は、かなり価値が高い。

また、マラソンは、単に筋力が強いか弱いかで決まるスポーツではない。筋力だけの勝負なら、若い男性が圧倒的に速いことになるが、現実は違う。

ホノルルマラソンなどの初心者が多い大会で、後半、筋肉痛やヒザの痛みで道ばたに座り込んでいるのは、たいてい前半のオーバーペースでつぶれてしまった若い男性である。その横を、スタートから終始マイペースで走っている高齢者ランナーがニコニコ顔で通り過ぎる。筋骨隆々の男子がその姿を見て、「おみそれいたしました」と脱帽するのである。

また、夫婦で一緒にフルマラソンのレースにチャレンジする人も増えてきた。「どちらが速いのですか?」と尋ねると、見るからにスポーツマンのご主人より、スポーツには全く縁のないか弱そうな奥様のほうが先にゴールするケースもフルマラソンでは珍しくない。

マラソンは単純な若さや体力の問題ではなく、トレーニングの努力と工夫によって誰にでも進歩するチャンスがあるスポーツなのだ。

忘れられないマラソン秘話

これまで私は、数万人のランナーと出会ってきた。そのなかのひとりに、とても感動させられた女性がいる。

彼女は50代の女性で、ウルトラマラソンを頻繁《ひんぱん》に走っている熟練ランナーだ。走りはじめたのは30歳前のことだったという。そのころ、重い病気を患った幼い子どもを毎日看病していた。そして、懸命な看病の甲斐なく、その子どもは亡くなった。10歳に満たない短い生涯だったそうだ。

葬儀が済んでから、家族全員が悲しみに打ちひしがれていたなか、母親である彼女は、子どもが死んだことに誰よりも責任を感じていた。一時は自殺を考えるほど毎日なにも手につかず、家に閉じこもっていた。

そんな悲しい日々が何カ月も続いたある日、なんの理由もなしに、突然なにかにとり憑《つ》かれたように、家の外に出て走りはじめたのだと言う。普段着のまま、ランニングシューズではなく普通のサンダル履きで。行くあてもなくゴールもなく、家の近所を疲れきるまで走り回った。疲れきって家に戻ると、不思議とそれまで落ち込んでいた気持ちが和らぎ、死んだ子どもの笑顔が頭に浮かんだそうだ。

その日以来、彼女は走ることが子どもへの供養《くよう》だと考えた。毎日毎日走り続け、やがてフルマラソンのレースにもチャレンジするようになった。自分が苦しめば苦しむほど、亡くなった子どもへの供養になると思い、より苦しさを求めてウルトラマラソンにも挑戦。

走ることが、自分の子どもの死という、人間にとってこれ以上ない辛さを乗り越えるひとつの方法になったという話だ。

私はこの話を、いつまでも忘れられずに心に刻んでいる。

ランニングは、神経を酷使する現代人に適した運動だ

死にたいくらいの気持ちを走ることで乗り越えた女性の話は、なにも特別なことではない。実際、走る目的が仕事などのストレス解消と答える人は多いのだ。

現在、コンピュータやインターネットなど情報化社会の発達で、なにをやるにも本当に便利な世の中になった。しかしその反面、無機質なパソコンの画面に向かってひたすら作業している時間が多くなったのも事実だ。

パソコンの作業は、目と神経を酷使する。だから、一日の仕事が終わったときは、肉体の疲れではなく神経全体が疲れきっている。

神経が疲れ過ぎると、夜の寝つきが悪くなり、眠りも浅くなる。そんな状況が続くと、いろいろな病気に発展することもあるので注意が必要だ。

疲れて高ぶった交感神経を癒《いや》すには、お酒を飲むのもいいだろう。しかし、お酒は飲み過ぎると、それはそれで身体にいいものではない。

走って気持ちのいい汗を流すことは、そんな〝情報化社会〟独特の神経疲労を癒すのに最適な運動なのだ。

「走っているときは頭の中がからっぽになってスッキリする」「悩んでいたことがなんとなく前向きに考えられるようになる」という感想をもつランナーは多い。つまり、神経が疲労しきった状態というのはその真逆で、「頭の中がデータや仕事のことでいっぱいになって、パンクしそうな状態」か、「いつまでも、くよくよ悩んでいる状態」なのだ。

そう考えると、**ランニングが単に健康維持のための運動という枠を超えるだけのポテンシャルをもっている。そう言っても過言ではないだろう。**

疲れた神経や心を癒す薬として、「あなたは、週3日、30分のランニングが必要です」と、心療内科のドクターから〝ランニング〟を処方される時代がくる日も近いだろう。

走ることは生まれついての本能である

人はなぜ走るのか？

その理由を単純明快に答えるのはむずかしい。その人の考え方や状況、タイミングによって、それぞれ異なるからだ。

しかし、これだけは言える。どんな世のなかになろうとも、人間が地球上に住むその他の生き物と同じ〝動物〟の一員である以上、走ることは、生きていくために必要な、誰にでも備わった生まれついての本能なのだ。

走ると、心拍数が上がり、血液が身体中をめぐる。また、激しく筋肉を動かすことでたくさんの酸素が必要になるので、呼吸数が増え、肺と横隔膜《おうかくまく》をフル活用するようになる。やがて身体中から汗が出てくる。汗とともに老廃物も身体の外に出てきて、身体はスッキリする。

走ると、肉体は活性化する。活性化した肉体は、五感がとても敏感になり、身のまわりにある自然をより深く感じることができるようになる。

五感は、理屈（頭）ではなく、身体そのものが感じること。走ることは、まさに本能なのである。

トレーニングとはなにか？
基礎知識を学ぼう

マラソントレーニングについて理解する前に、ここでは、その前提となるトレーニングについての基礎知識を学んでおきたい。

そもそも、トレーニングとはいったいなんだろう？　なにごとも基本がわかると、その本質がうっすらと見えてくる。逆に、基本を全く理解せずにトレーニングを実行しようとしても、深い霧の中をただよい、なにかにぶつかるだけだ。

基本がわかれば全体像も俯瞰《ふかん》的に把握でき、傍から見るとただ走っているだけのようにしかみえないマラソンが、より立体的に理解できるだろう。

「トレーニング」ということばの語源が、英語の「トレイン（train）」だということを知っている人は多いだろう。トレーニング（training）は、トレイン（train）の名詞であり現在進行形である。

普通、日本人がトレインということばを聞いて、すぐに頭に浮かぶ日本語訳は〝列車〟だろう。しかし、トレインという単語を辞書でひくと（辞書によって違うこともあるが）、他にも、訓練する、養成する、教育する、練習する、ということばがでてくる。

トレインということばには、訓練という意味が強く込められているのだ。

トレインから派生したことばには、「トレーナー」（訓練をする教官）や「トレーニー」（訓練生、見習い）などがあるが、いずれも、訓練という意味から派生したものである。

なぜ、「トレイン」を「列車」としたのだろうか？　この質問の解答は、トレーニングそのものの本質を表現していると思う。

トレインということばには、訓練以外にも、継続、つながり、続きという〝なにかが連続している〟という意味がある。つまり「列車」は、1台1台の車両がつながった車という意味でトレインとなったのだろう。

トレイン＝つながったもの＝訓練という図式で考えると、トレーニングと呼ばれる訓練は「継続してなにかを行うこと」という意味となる。

ここまで説明すると、おぼろげに気づくことがあるはずだ。

それは**「どんな運動でも、1日やっただけでは単なる経験であって、決して訓練にはならない」**ということ。

トレーニングとは、その語源からもわかるように、継続という地道な努力があってはじめて成就するものなのだ。

ある人が、なにかのきっかけで、たった1日だけ走ったとする。走れば大量の汗をかき、呼吸が苦しくなり、筋肉痛もおき、走った気分＝トレーニングをした気分になるだろう。しかし、残念ながら、たった1日ではトレーニングとは言えない。身体の変化や成長は、ある一定期間継続してこそ効果が表れるのだ。トレーニングの語源が、まさにそのことを証明している。

なぜトレーニングをしなければならないのか？

オリンピック選手に「あなたはなぜトレーニングをしているのですか？」という質問をして、答えに窮《きゅう》する者はいないはずだ。彼ら彼女らは、勝負に勝つために人並みはずれた苦しいトレーニングを積んでいる。当たり前のことだ。

では同じように「あなたはトレーニングが好きですか、嫌いですか？」という質問をしたら、答えはどうなるだろうか？

おそらく、ある人は「苦しいけど、喜びもあるトレーニングがとても好きだ」と言い、ある人は「嫌いだけど勝つために仕方なく毎日努力している」と答えるだろう。

つまり、トレーニングをすることは、好きとか嫌いとかの問題ではなく、目標を達成するために必要不可欠なものなのだ。オリンピック選手たちは、それがわかっているから、毎日の苦しいトレーニングに耐えることができる。

さて、ここで大切なことをひとつ理解しておきたい。

オリンピック選手に限らず、どんなレベルの人にとっても、**トレーニングを行う理由の大前提として、どんなレベルに到達したいのかという「目標」がしっかり存在している。**

オリンピック選手たちは、たとえば「金メダル」という自らの目標を達成するために、現在の体力やスキルでは、その達成が不可能なことがわかっているから、トレーニングに励む。

とりわけ、トップアスリートがしのぎを削る世界ではなおのこと。並大抵の努力では、その頂点に立つことはできない。

ただ漠然とマニュアル通りにトレーニングをやっていては、自分が目指す頂点を見誤ることになる。そうなると、せっかく一生懸命まじめにトレーニングをしているにも関わらず、その選手は絶対に勝つことはできない。自分が実行している何倍ものトレーニングを、世界のどこかで誰かが実行しているかもしれないのだ。周囲が見えていないと勝てない世界だ。

日本のある有名なマラソンコーチが以前こんなことを言った。

「世界一になるには、世界一のトレーニングをやればいいんだよ」

そのとおりである。しかし、なにが世界一なのかを想像できなければ、世界一にはなれない。世界一のトレーニングを実行する前に、なにが世界一かということを知る情報収集力と想像力が必要なのだ。

では、一般市民ランナーがトレーニングを行う理由はなんだろう?

基本的なことは、オリンピック選手と同じ。目標レベルと現在のレベルのギャップを埋めるために、継続したトレーニングで身体を改造することが目的だ。

たとえば、まだフルマラソンを走ったことのない人が、フルマラソンの完走を目標に設定したとする。その時点の体力では、5㎞も走れなかったとしても、なんらかのトレーニングによって、フルマラソンを完走する体力をつけることはできる。

一般の人のトレーニングは、オリンピック選手と違い、周囲を見渡せる想像力はいらない。自分がすべきトレーニングをしっかり理解し、自分のことだけに集中すればいいのだ。一方で、周囲から大きな期待を受けるオリンピック選手とは違う課題がある。それは、モチベーションだ。

一般の人がトレーニングに取り組むとき、**どれだけ目標に対する高いモチベーションを保つことができるか。**そんなメンタル面が、一番のポイントになるだろう。

知っておきたいトレーニングの基本5原則

トレーニングには基本原則というものがある。その代表的な5原則を、ここで紹介しておきたい。

すべてのトレーニングメニューは、この基本原則を元にして構成され、そして実行されるのが常識となっている。これは、運動生理学の基本なので、単なる知識ではなく、自分の身体がどんな原則にしたがって反応しているのかを考えれば、より興味もわくだろう。マラソンに励む読者は理解しておきたい項目だ。

「意識性」トレーニングに集中する

意識性とは、運動を行うときは、意識をその運動に集中したほうが進歩が早いという考え方である。

身体は実に不思議だ。うまく自分でコントロールしていると思っていても、できているときと、そうでないときがある。うまくコントロールできていないときは、頭の中を、なにか他の心配事などが占めている場合が多いのではないだろうか。

たとえばストレッチをするときでも、そのとき伸ばしている筋肉に意識を集中したほうが、しっかり伸びてやわらかくなる。

身体はしっかり意識をしなければ、うまく働いてくれないのだ。

「漸進性《ぜんしん》」トレーニングを持続すること

漸進性とは、ゆっくり進む性質のこと。もっとわかりやすく言えば、筋力も運動スキルも持久力も、毎日少しずつしか進歩していかないということだ。一度にたくさんのトレーニングをやり過ぎても、体力の向上するレベルには限度がある。身体の変化は徐々にしかおきないので、トレーニングは継続が必要なのだという、最も基本的な考え方だ。

トレーニングには「食いだめ」という考え方はない。

「反復性」 繰り返すことによってはじめて身につく

反復性とは、呼んで字のごとく、なにごとも繰り返さなければ身につかないという性質。英単語の暗記なら、一度見ただけで完全に暗記してしまう人もたまにはいる。しかし、ほとんどの人の場合は、何度も繰り返し暗記する訓練によって、徐々に脳にすり込まれていく。目など一部の感覚器や脳だけを使う記憶でさえそうなのだから、筋肉や神経、循環器までも総動員するマラソンではなおさらのこと。繰り返すことによって、はじめて身につくこともあるし、繰り返すことによって一生忘れない運動のスキルもあるのだ。

昔から言う「身体で覚えろ！」とは、理にかなったことなのだ。

「全面性」　すべての運動を意識した全体的な訓練を心がける

全面性とは、ある運動を個別の動きだけで考えるのではなく、全体的に訓練しなければ、結果的に身につかないという性質のこと。たとえば「走る」という運動は、腕振り、脚の運び、着地の仕方など、さまざまな筋肉運動が融合したものである。しかし、走っているときに、いちいち腕振りや脚の運びを考えていたのでは、なんとなくぎくしゃくしてうまく走れないだろう。もちろん個別の訓練も必要だが、最終的には、すべての動きを融合した全体的な訓練が不可欠なのだ。頭のなかでその運動をイメージする全面性を忘れてはならない。

「個別性」　人それぞれトレーニングメニューをアレンジする

個別性とは、人間は中身も頭の中もすべてが違う個体だから、個性に応じたトレーニングをすべきである、という考え方だ。

十人十色ということばがあるように、同じトレーニングメニューでも、それを実行する人の得意不得意や特性によって、少しずつメニューをアレンジする必要がある。この本の読者は、個別のコーチがいない人が多いと思う。その場合はセルフコーチングになる。

セルフコーチングをするときには、自分で自分の個性を適確につかまなければならない。これは意外にむずかしい。なぜならば、自分の個性を判断するための、幅広い知識と客観性が必要だからだ。

自分の走りについて、ランニング仲間に指摘してもらうのもいいかもしれない。また、「人のふりみて我がふり直せ」ということばがあるように、他人をよく観察して、自分に置き換えてみるのもいいだろう。

トレーニングという考え方は動物にはないはず

視点を少し変えて考えてみたい。

はたして野生動物に、トレーニングという概念は存在するのだろうか？　人間も動物の一員なのだから、人間よりむしろ動物のほうが大きく勝る〝運動〟という分野においては、動物から学ぶことも多いに違いない。

野生動物が行うトレーニングとしては、たとえば親が子に餌をとる訓練をする場面などをテレビで目にすることがある。それは、餌をとる方法、つまりスキルの経験であり訓練だと思う。しかし、競走馬の調教などを除いて、野生動物がトレーニングの目的で走る場面は、これまで見たことがない。

私は、野生動物に体力トレーニングは存在しないと思っている。野生動物がもっている100%の体力を使う場面は、生きるために餌をとるときだ。その場面はまさに必死で、必ず100%の力を出しきっているだろうと思う。それ以外の時間は、無駄な力を使わないように、できるだけ休んでいるのではないだろうか。そういう意味では、野生動物の運動には、ゼロか100%しかないと思う。言うまでもなく、ゼロは休息または死を意味し、100%は生きるために餌をとるときだ。

幸い、社会を形成した人間は、体力という面でゼロか100%、言い換えれば白か黒かをはっきりしなくても生きていける。人間は、ゼロと100の中間あたりを、少し行き来することでトレーニングを楽しめる幸せな動物なのである。

トレーニングの方法はいろいろある

トレーニング方法について書かれた本は世界中にごまんとある。スポーツや健康の各分野で著名な指導者やコーチたちは、自ら編み出した方法論、すなわちトレーニング理論を、自分が指導する選手以外にも生かすために情報として伝えている。

それぞれのトレーニング方法には、新たな発見や視点、そしてトレーニングの考え方になる主軸がある。逆にそれがないものは、あまり信頼できないといえるかもしれない。

また、時代によって、主導権を握るコーチのトレーニング方法が王道となり、その模倣がはやったりする。

このようにトレーニングにはさまざまな方法論があるので、どれが正しいとは言いづらい。しっかりとした基本原則があり、軸がぶれてなければ、問題はない。

大切なのは、「誰々のトレーニング」という受け売りではなく、**そのトレーニングの底辺にある考え方をよく理解し、自分自身の基本に据え、取り入れることだろう。**

これはスポーツだけはなく、世の中のあらゆる場面に共通することだと私は思っている。

破壊と再構築を繰り返し身体は少しずつ強くなる

「トレーニングは、破壊と再構築の繰り返しである」

このことばを、私は現場でよく使う。

ここでいう破壊とは、例をあげると筋肉痛である。負荷の高いトレーニングを行うと、その負荷によって筋繊維が少し壊れる。そのときに痛みを感じるのが、筋肉痛だ。筋肉痛がおきるほどの負荷をかけたあと、少し休むと筋肉は回復し以前より強くなる。そして、以前と同じレベルの負荷をかけても筋肉痛がおきなくなる。

この破壊と再生を繰り返すことによって、身体は少しずつ強くなり、気づいたときには大きく変身しているのだ。

なぜ、あえてここで破壊と再構築について語っているかというと、トレーニングを

〝破壊〟の側面だけでとらえている人が多いからだ。そんな人は、走れば走るほど速くなると思い、休息することなく走り続ける。

たしかに、この方法でもある一定のレベルまではいくかもしれないが、限界を超えると身体はトレーニングに対して再構築することをやめる。身体が自らに拒否反応をおこすのだ。

破壊は、再構築という工程があるからこそ意味をなす。さらに、それを繰り返すことに意義があるのであって、ただ自分の身体をいじめるだけでは、正しいトレーニングとは言えない。

ただし、いくら休むことが原則だといっても、休んでばかりいては力もつかない。人間は、楽をすることも好きだが、いったん頭で理解すると、ものごとに対してまじめに取り組む性質をあわせもつ。

破壊と再構築、トレーニングと休養のバランスコントロールも、なかなかむずかしいのである。

目標を達成するための準備と努力

ランニングというスポーツには、いろいろな楽しみ方がある。自分の健康づくりのための散歩と同様に、家の近所をジョギングする人もいるだろうし、トップアスリートのように、目標とする大会でいい成績を残すために努力する人もいるだろう。

本書を読み、「マラソン」にチャレンジする人たちも、その目標は十人十色、さまざまだろう。あえてまとめるなら、「市民マラソンの大会に出場し、自分が設定する目標タイムをクリアすべく完走すること」だろうか。

ただ近所を走ることが楽しめればいいだけであれば、トレーニングという考え方は必要ない。しかし、どんなレベルであれ、大会やレースに出るのであれば、そこには「完走したい」や「このくらいのタイムで走りたい」といった具体的な目標があるはずだ。これも5㎞や10㎞、あるいは30㎞程度なら、さほどのトレーニングがなくてもある程度の体力さえあれば走れてしまうもの。しかし、特にフルマラソンの場合、ある程度のスピードを保ちながら長い距離を走りきるためのペース配分が重要となる。持ち前の体力だけでは、42・195㎞は思ったように走破できないのだ。

したがって、**フルマラソンで自分なりの目標を達成するためには、準備と努力が不可欠になる。**すなわち、軸があるきちんとしたトレーニングが必要なのだ。そもそもフルマラソンを完走するための体力がない人は、「体力をつける」ことが、トレーニングの最大のテーマになるだろう。サブ3が目標なら、そのペースを守る走力を身につけることが目的になる。

まずは自分の現状を認識し、その能力に応じてそれよりも少し高いレベルの具体的な目標を設定することが重要だ。なぜなら、目標に対する高いモチベーションを保つことができるメンタル面が、トレーニングに取り組む一番のポイントになるからだ。**トレーニングをする準備期間も含めて「レース」だと考えれば、マラソンというスポーツをより深く理解でき、ますます楽しむことができるようになる。**

ピークをレースに合わせるトレーニングの考え方

次章以降、具体的なトレーニングメニューについて解説をしていくことになるが、私のトレーニングメニューの考え方は、すべて「ピーキング」という概念が基本になっている。

ピーキングとは、自分の心身のピークをレースのときに最大にすべく鍛錬し調整することである。そのために、やみくもに厳しいトレーニングをすればいいわけではない。トレーニングに強弱をつけ、レース当日にピークを合わせていく。

マラソントレーニングでよくある失敗を挙げてみよう。

大会への出場が決まり、最初は張りきって練習をはじめた。しかし、すぐにヒザを痛めてしまったのでしばらく休むことになる。とはいえ、大会が近づいてきたので、また慌てて走りだす。やはりヒザを痛めるが、やむを得ずテーピングなどで応急処置をしてレースを走る。人間らしいといえば人間らしいが、こうした失敗はしばしば見受けられる。

本来は、レースから逆算して準備をしていくべきなのだ。「レースでピークに」と考えると、レースから2週間前までは調整にあてる期間だ。したがって、それ以前の3週間がレースのために追い込む練習をする時期「実戦練習期」となる。この実戦練習期前の3週間が、追い込む練習をするために身体をつくっていく時期。さらにその前の3週間が身体をつくるための基礎をつくる時期。というように「期分け」して考えることが重要だ。

また、これら3週間ごとの「練習期」の合間には、必ず1週間の休み「リカバリー期」を入れることを忘れてはならない。破壊と再構築の項（53〜54ページ参照）ですでに述べたように、休養も重要なトレーニングの一環である。つまり3週間練習して、1週間休むという4週間がひとつの練習周期となる。

こうした考え方については、あとで詳しく述べる。

さらに、トレーニング自体には、負荷の高いものと低いものがあり、これらの組み合わせが重要だ。このように、トレーニングのなかで、緩急をつけることも非常に重要なポイントになる。

多くのトップアスリートは、さまざまなトレーニングを実践している。また、実業団や大学の陸上部などであれば、こうした考え方がトレーニングメニューとしてマニュアル化されている場合も多い。

私自身は、大学3年（早稲田大学）から実業団（リクルート）に入るまで、大学1、2年のときの練習内容をベースに練習メニューをひとりで考え、ひとりでトレーニングしてきた。特に実業団時代は、男子部員がひとりのチームだったので、他の実業団の練習に参加させてもらい、練習方法を教えてもらったり議論したりして、それを自分の練習メニューに生かすなど試行錯誤を繰り返した。現役引退後は、シドニーオリンピックの金メダリスト高橋尚子選手の育ての親としても名高い小出義雄監督とともにいろいろな選手を指導する場面で、私なりのトレーニングメニューを実践しながら、選手たちを通じて実験・検証してきた。

「ピーキング」を核にしたトレーニングの概念は、市民ランナーにも当然応用できる。ただし、各人によって、体力レベルや体調やランニング技術については千差万別。のちに紹介するトレーニングメニューを、**いわゆる単純なマニュアルとしてとらえずに、トレーニングメニューの構造と意味を理解してほしい。「今なぜ、この練習メニューをこなすのか」という練習の目的を、最終目標を常に意識しながら考えるようにしよう。**

そうして自分なりのトレーニングメニューがつくれるようになれば、マラソンの本当の楽しさに気づくだろう。なにより、あなたが目標を達成する可能性は、ぐっと高まるはずだ。

第2章

トレーニングの基礎知識

トレーニングの種類がさまざまある理由

マラソンの基本トレーニングには、いろいろな種類がある。これらは、それぞれ目的が異なる。なぜこれらを織り交ぜながらトレーニングするのかといえば、「長所を育て、短所を補う」ためだ。

たとえば、「スピードをもう少しつけたい」という場合と、「スタミナに不安がある」という場合で、抱えている課題は異なる。自分の目的意識に合わせて、トレーニングに取り入れるメニューを組み込んでいくべきだ。

注意したいのは、多くの場合、自分が得意な分野を伸ばそうとし過ぎる傾向が強いこと。スピードに自信がある人は、スピード練習をついたくさん行いがち。スタミナに自信がある人は、スピード練習をさぼりがち、といった具合だ。**得意なものは、短**

期間で身につけやすい。一方、苦手な分野を補うのには時間がかかる。したがって、最初はなるべく弱点を補う練習に時間を費やすよう意識したい。

初心者は長時間走った経験が少ない。必然的に、フルマラソンを完走できるスタミナを身につけるべく、基礎体力をつける練習が中心になる。

また、サブ3を狙うような上級者も、実はマラソンがさほどスピードを要求されるスポーツではないことを理解しよう。1㎞3分30秒で走るスピードを身につけるよりも、1㎞4分15秒をいかに楽に走るかが重要なのだ。スピードよりもスタミナを意識した練習に重点を置いたほうがいい、と私は考えている。

ケガや体調など、個別に抱える身体の状態に合わせてトレーニングを変えることも必要だ。また、トレーニングに割くことができる時間も人によってまちまちだろう。さらには、トレーニングが長期間にわたると飽きてくることも想定される。そうした場合に、トレーニングメニューを入れ替えたり、トレーニングの量や負荷を変えたり、普段とは違う場所を選んだり……といった具合に、自分なりにアレンジする工夫もしてほしい。

WALK
[ウォーク／ウォーキング]

走り出す前に、しっかりと歩く

「歩く」トレーニング。特に初心者の練習初期段階で、体幹と脚力の基礎をつくり、有酸素運動能力を向上させるのが主な目的である。

注意すべきは、単なる散歩ではないこと。**普段歩くよりも速めに、「スタスタ歩く」イメージをもとう。また歩く際は、継続して歩くことが大切。**同じ40分という時間を歩くにしても、スーパーまで20分歩き、買い物をして、また20分歩いて戻ってくるよりも、40分間続けてウォーキングするほうが効果的だ。

ウォーキングとランニングは、使う筋肉に多少の違いはあっても、共通する要素が多く、別ものと考えるべきではない。ウォーキングのフォームは、ランニングフォームの基本になるので、歩く際もフォームには注意したい。ランニングと同様に、肩甲骨を意識して腕をしっかり振って歩こう。背筋を伸ばし、体幹を意識しながら歩くことだ。

初心者の初期の体力強化が主な目的だが、JOG（ジョグ）よりも負荷が軽く着地衝撃も少ないので、走ると脚に違和感があるときなどにJOGの倍の時間をかけて歩けば、筋力をキープできる。また、ランニングは両足が地面から離れる時間があるため、どうしてもバランスを崩しやすくなる。身体のバランスのチェックや修正にも、ウォーキングは効果的な手段だ。

なお、WALKやJOGなどのフォームの基本については、ここでは深く言及しない。私が書いた『体幹ランニング』（講談社刊）を参考にしてほしい。

JOG
［ジョグ／ジョギング］

あらゆるランナーの基本中の基本

「ゆっくり走る」トレーニング、ジョギングである。マラソンの基本中の基本となる練習法であり、最も頻度の高いトレーニングだ。

会話をしながら走れるのが最適なスピードだ。初心者でも30分から1時間程度、中・上級者であれば2時間から3時間は楽に走れる程度のスピードでジョギングしよう。したがって、人によってそのスピードは異なる。

フルマラソンでの完走を目指す初心者であれば、1㎞あたり7分～8分のペース。中級者であれば6分～6分半。上級者であれば5分～5分半。これらのペースが目安になるだろう。初心者にとっては、このペースが実際のレースペースになる。強度の低いトレーニングだが、ランニングの基本となる筋力をつけ、有酸素運動の能力を高める効果が期待できる。

頻度が多い分、身体に対するすり込み効果が高く、スピードを変えて走るときに及ぼす影響が大きい。JOGのときに悪いフォームで走っていると、変な癖がついてしまうので注意しよう。また、それが原因で、スピードを上げた際に、ヒザや足首に痛みを生じることも多い。JOGの際には、腰が落ちない正しいフォームと一定のリズムを守って走るようにしよう。

JOGは、体力強化のほか、疲労回復のための積極的な休養としても、体調を整える日常的なトレーニングとしても有効だ。ただ漫然と走るのではなく、どんな目的でJOGをするのかを考えながら取り組むと、より効果的なトレーニングになる。

LSD

［ロング・スロー・ディスタンス］

長時間、ゆっくり、長い距離を走る

英語の「ロング・スロー・ディスタンス（Long Slow Distance）」の頭文字をとった略称で、長い時間、ゆっくりと、長い距離を走るトレーニングのこと。ゆっくり走るという意味ではJOGと同様だが、時間と距離が長くないとLSD《エルエスディ》ではない。長く走る分、JOGよりもゆっくり走る。

LSDによって、脂肪が燃焼しやすい身体をつくるのも目的のひとつ。軽い負荷を長時間かけることによって毛細血管の発達を促進し、心肺機能を高め、結果的に有酸素運動能力を上げる。

初心者であれば、1㎞あたり7分〜8分のペースでJOGとほぼ変わらないだろう。中級者であれば6分半〜7分。上級者であれば5分半〜6分。JOGよりもやや遅いペースが目安になる。

注意すべきは、連続して長く走ること。できるだけ立ち止まらないように、継続して走るようにしよう。

ゆっくり長く走っていると、気持ちよくなったり、どこまでも走れるように感じる「ランニング・ハイ」状態になることがある。

しかし、身体が軽く感じ、気持ちよくなったとしても、ペースを上げるのは禁物だ。特にマラソンは「我慢」が要求されるスポーツ。ゆっくり走り続けることを意識しよう。

このトレーニングの目的は、気持ちよく走ることではなく、長くゆっくり走ることによって、有酸素運動能力を高めることにある。このことを忘れないようにしたい。

RACE PACE RUN

［レースペース走 & 持久走］

走るペースを管理する感覚を養う

「レースペース走」とは、自分が目標とするマラソン完走タイムから割り出した平均ペースで走るトレーニング。より実戦的な練習である。

たとえば、仮にフルマラソンで4時間以内の完走を目指すのであれば、レースでは1㎞あたり平均して5分40秒で走るペースとなる。その人の場合の「5㎞レースペース走」は、1㎞5分40秒のペースで5㎞走るトレーニングになる。

また「持久走」は、レースペース走よりは遅く、JOGよりは速いペースを想定している。中級者であれば1㎞あたり5分半～6分程度、上級者であれば4分30秒～45秒程度が目安だろう。

マラソンは、究極的には「ペースを管理する」スポーツである。走っている間のスピードの上げ下げが大きいと、無駄な動作が多くなり、スタミナはどんどん失われていく。平均的なスピード、いわゆる「イーブンペース」をキープするのが理想的な走りだ。そのためにも、ペース感覚を体得し、そのペースを守って走る練習が、マラソンにおいて不可欠なのだ。

あまりにもこれらの練習がきつく感じるのであれば、それは設定しているペースが速すぎるということ。**苦しいペースで無理して走るよりも、自分に合ったペースをみつけ、それをしっかりと把握することが重要だ。**そのためにも、自分の走行ペースがどのくらいなのかを、GPSウォッチなどで必ず計測しておく必要があるだろう。

WIND SPRINT

［WS／ウィンドスプリント］

風に乗り、スピード&刺激を加える

短めの距離を気持ちいいスピードで、繰り返し走るのがウィンドスプリント。風に乗るようなイメージで疾走するので、こう呼ばれる。「流し」と呼ばれることもある。

１００ｍ～１５０ｍの距離を、少しずつ加速していき、全力疾走の６割から7割くらいのスピードで駆け抜ける。加速しながら50ｍ、スピードをキープして１００ｍ走るというようにして、１５０ｍを３本～10本程度繰り返すのが理想的だ。

あくまでもマラソンという有酸素運動のための練習の一環だが、この運動は無酸素運動にやや近い。ステップアップには不可欠な、スピード感覚を養うための練習だ。ＪＯＧやＬＳＤの練習ばかりだと、どうしてもダイナミックな動きにはならず、フォームが小さくまとまりがちだ。ＷＳを取り入れることで、大きなフォームを身につけよう。

ただし、このＷＳはメインの練習ではない。トレーニングのなかのスパイスのような存在である。ＪＯＧ、持久走などに付け加えると、刺激を与える効果がある。

たとえば、次の日にレベルの高い練習をするときに、ただＪＯＧだけで終わるのではなく、最後にＷＳを5本付け加えて心拍数を上げる。これによって、**自分の身体に対して「明日はちょっとハードなトレーニングを頑張るよ」というサインを送るのだ。**ハードな練習の前日や次の日につながるような意識で、また、当日の練習でも、**常になにかのメニューとセットにして実践すべき練習だ。**

BUILD UP RUN

[ビルドアップ走]

徐々にスピードアップしながら走る

走るスピードを「徐々に上げていく」トレーニング。レースペースより遅いスピードから走りはじめ、徐々にペースを上げていき、最終的にはレースペースよりもやや速いスピードまで上げるのが理想的だ。

レースペースが1㎞あたり4分15秒の上級者であれば、1㎞5分くらいのスピードで走りはじめ、最終的には1㎞3分50秒～4分程度まで上げていくような走りができれば効果的な練習となる。はじめは余裕をもって楽に走り、徐々にスピードを上げていくことで心肺機能を高め、スピード感覚も養う。ある程度の距離を走ることができるので、より複合的かつ実戦的な練習で充実感も高いはずだ。**さほど長い距離を走らな**

くてもレースペースでの走りを体感できるので、レースが近づいてきたら取り入れると効果的だ。

注意すべき点は、最後までスピードを上げきって終えること。最後はレースペースより少し速いペースまで上げよう。徐々にスピードアップするので、レースペースより速くなってもフォームをしっかり意識できる。スピードが上がってもいいフォームで走れるし、いざレースペースで走っても楽に走ることができるのである。

ただし、この練習は上級者向けで、すべての人に必要不可欠な練習ではない。ＪＯＧとレースペースが変わらない初心者の場合は、こうしたスピードの変化に対応する練習は必要ないだろう。

DUSH AT SLOPE

［坂ダッシュ］

坂をダッシュで上り、効果的に体力強化

長距離やマラソンのエリートランナーは、後述する「インターバル走」（80ページ参照）などのトレーニングを行う。しかし、この練習は陸上競技場の400mトラックで行うのが理想的で、タイムを計測するコーチやパートナーが必要で、市民ランナーには実行しづらいトレーニングである。

それに対して私がオススメするのが、「坂ダッシュ」トレーニングだ。100m〜200mのゆるい坂を、WSの要領でダッシュして上《のぼ》り、JOGで下りてくる。そのスピードは、短距離ダッシュのような全力疾走の70%が目安。練習メニューの目標本数をきちんとこなせるスピードで

行う。

このトレーニングで期待できる効果は、スピードを上げて坂を上ることで、正しく大きなフォームが身につき、筋力トレーニングにもなること。また心肺機能にも大きな負荷がかかるので、有酸素運動能力の向上にも効果的だ。回転数の多いピッチ走法ではなく、歩幅を大きくとるストライド走法で、なるべく大きなフォームを心がけよう。短い時間で効率的にスピードとスタミナ、パワーを養えるので、時間がないサラリーマンの方にもオススメのトレーニングだ。

たとえば、東京都内にも練習に最適な坂がいくつかある。皇居周辺であれば、三宅坂交差点から半蔵門交差点へ向かう坂や、竹橋交差点から首都高速・代官町入口へと向かう坂が代表的だ。

あなたが住む町にも、きっとこのような坂があるはずだ。ぜひ、積極的に練習に活用してほしい。

CROSS COUNTRY

［クロスカントリー］

自然の地形を走って能力アップ

本来は、野原や草原、森や林、山や丘など、自然の地形を利用したトレーニングだ。マラソン界では、ケニアやエチオピアなどアフリカの選手たちが大活躍しているが、彼らのトレーニングの中心となっているのがクロスカントリーである。**このトレーニングでは、心肺機能や筋力の強化に加え、走りのテクニックが自然と身につく。**

斜面を上るときには、ペースを上げなくても心肺機能に大きな負荷がかかる。そのため、適度なアップダウンを繰り返しているだけで、効率的に心肺機能をアップできるのだ。また、重力に逆らって坂を上るので平坦な場所よりも筋力を必要とするし、下るときも着地衝撃が大きくなるので、筋力アップにつながる。これは坂ダッシュと同様。また、自然の地形を走るとなると、足をとられバランスを崩しやすいので、自然とバランスのいい走りを身につけることができる。

自然溢れる場所まで足を延ばすのはなかなかむずかしいかもしれないが、連続したアップダウンのある公園内のコースを走ることでも十分高い効果が得られる。コースは舗装されていないほうが望ましいが、連続したアップダウンがある程度確保できるならば、舗装してあってもいいだろう。

こうしたクロスカントリーコースをみつけたら、持久走のイメージで走ろう。**上りも下りも一定のペースをキープして走り続けることが大切だ。**

INTERVAL RUN

［インターバル走］

市民ランナーにはリスクが高い

本書で私が提唱するメニューのなかに、この「インターバル走」は含まれていない。しかし、インターバル走はエリートランナーを中心に、ごく一般的に取り入れられているものなので、ここで簡単に解説しておこう。

「インターバル」とは、「間《ま》」のこと。ランとランの間に主眼を置いたトレーニングである。主にトラックなどで、ある決まった距離を走り、一定の休憩をとり、また同じ距離を走ることを繰り返す練習だ。この休憩の間隔を調整して、心拍数をなるべく下げずに繰り返すことで、心肺機能とスピードの強化を図る、非常に苦しい練習メニューのひとつだ。

たとえば200mを40秒で走り、40秒休憩してまた200m走る。これを20セット繰り返す。この距離を400mや1000mに伸ばし、インターバルをもう少し長くするという方法もある。**スピード負荷が高くなっても、間を長くとり過ぎると、200mあるいは400mを走るだけのためのトレーニングになってしまうので注意が必要だ。**

トラックなど、100m単位で距離を把握できる場所が望ましいが、そうした場所の確保が一般的な市民ランナーにはむずかしい。また、ひとりでの練習がむずかしいことに加え、短い距離をハイスピードで走るので、マラソンを走るときとは違うフォームで走ってしまうことも多い。市民ランナーにとっては、ややリスクが高い練習だと私は感じている。

REST

［休養］

疲労回復も重要なトレーニング

ランニングに熱心な市民ランナーだと「毎日走っています」という人も多い。ランニングを1日も欠かさないのは、いい習慣だとも言えるが、**トレーニングの観点からみれば、必ずしもいいとは言えない。トレーニングによって刺激を受け、回復させる。これを重ねることによって力はついていくのである。**毎日走るランナーにとって、休養は「サボリ」という意識があるかもしれないが、重要な「回復」でもあるのだ。後述のトレーニングメニューのなかにも、休養と書かれているケースがしばしばある。**しっかり身体を休めるのもトレーニングの内だと考えてほしい。**

また、休養のなかにも、積極的休養と完全休養（完休）がある。積極的休養とは、ハードな練習の翌日でも、時間があればストレッチをしたり軽く走ったりして、身体を動かしてほぐすことによって疲労を抜くという考え方。一方、脚に痛みが出た、風邪をひいて体調を崩した、疲労困憊《こんぱい》で食事がとれないなどの場合は、完全休養をとって、早く身体を動かせる状態に戻すために、しっかり身体を休める必要があるだろう。

トレーニングメニューに「休養または軽いＪＯＧ」とある日は、積極的休養をとる日だ。時間があれば、30分～60分程度軽くＪＯＧをして、前日の練習の疲労度合を自分で確認することも大切だ。

ただし、特に上級者のなかには、休養するとお腹がすいて普段より暴飲暴食しやすい人もいるだろう。練習を休む分、太りやすくなるので注意が必要だ。

トレーニングメニューの読み方と応用の仕方

次章以降、初心者・中級者・上級者とレベルに応じて、レースまでの100日間にどのようなトレーニングをすべきかのメニューを示す。このメニューがどのような意図で、どのような順序で構成されているのかを簡単に説明しよう。それを理解してもらえれば、このとおりのメニューをこなせなかったとしても、どれは軽視していい練習か、逆にどれは外してはいけない練習かがわかるはずだ。

まず、**レースから逆算して、大きく「なにをやる時期か」を決めていく。これが「期分け」の考え方だ。**

レースから逆算して、直前の2週間は調整期間。その前の4週間の内、最初の3週間をレース本番のための「追い込み」であるハードトレーニングに当てる。その後1

週間、休養を入れる。さらにその前の4週間は、追い込みのハードトレーニングを実践するために、基礎体力を向上させる3週間と1週間の休養だ。そして、さらにその前の4週間は、その準備のための3週間のトレーニングと1週間の休養になる。

トレーニング全体の構造は、このように、3週間トレーニングを実践し、1週間休養しながら、よりハードなトレーニングに耐えうる身体をつくっていくよう構成されている。そして、最後の2週間は体調を整えレースに臨むという構造になっているのだ。期分けができたら、次にその期に、どんな練習をすべきかを考える。

本書のメニューは、土日が休みのビジネスマンやOLのみなさんがトレーニングを積むにあたり、どのようなスケジュールで練習したらいいのかを前提に考えている。**週のなかで最も重要な「ポイント練習」は、ある程度の時間が必要になるので、土曜と日曜に設定している。**毎週、土曜・日曜の練習をスケジュールの軸に置き、次の週までは1週間あいているので、水曜日や前日の金曜日に、その次のポイント練習のための準備練習「ブリッジ練習」を入れているケースが多い。そして、残りの日は、補助的なJOGや筋トレ、ストレッチなどでつないでいく。

仕事が忙しい時期、時間を取りやすい時期は人によってまちまちだろうが、土日に設定されているポイント練習は、初期段階からなるべく実施しよう。ＬＳＤ、持久走、レースペース走などといったメニューは必ずこなしていってほしい。仕事柄、土日が休みではなく、平日が休みという人や、休日が不定期という人たちももちろんいるだろう。そのような人は、土日の練習メニューを自分の休日に置き換えてアレンジしてほしい。

土日の練習ができなかった場合に、その代わりとして月曜日に練習する、というくらいであれば問題ないが、火曜日や水曜日にずれ込むようなら無理してこなすと、身体への負担が大きくなり過ぎる場合もある。**できなかった練習はあきらめ、その次の土日の練習は休まずにしっかり行うことに注力しよう。**

土曜日と日曜日がセットになっている「セット練習」（詳細は１４６ページ参照）は、必ず２日連続で両方こなすこと。時間がないときには、同じ日にメニューを実践してもいい。もしくは土曜日と月曜日というように１日おき程度で実践しよう。

１日１日の練習をこなせたか、こなせなかったかは、実はさほど大きな問題ではな

■期分けの考え方

「ピーキング」を意識し、レース当日から逆算して、期分けをしてトレーニングメニューを組み立てよう。
❶まず、レース直前2週間は、最終調整にあてる。
❷次に、その前の4週間の内、3週間はハードトレーニングの実戦練習期。その後の1週間はリカバリー期。
❸さらにその前の4週間は、3週間の身体づくり期と、1週間のリカバリー期にあてる。
❹そして、さらにその前の4週間は、3週間の基礎練習期と、リカバリー期となる。
このように、4週間ごとのサイクルでメニューを組み立てながら、目標とするレースに備えよう。

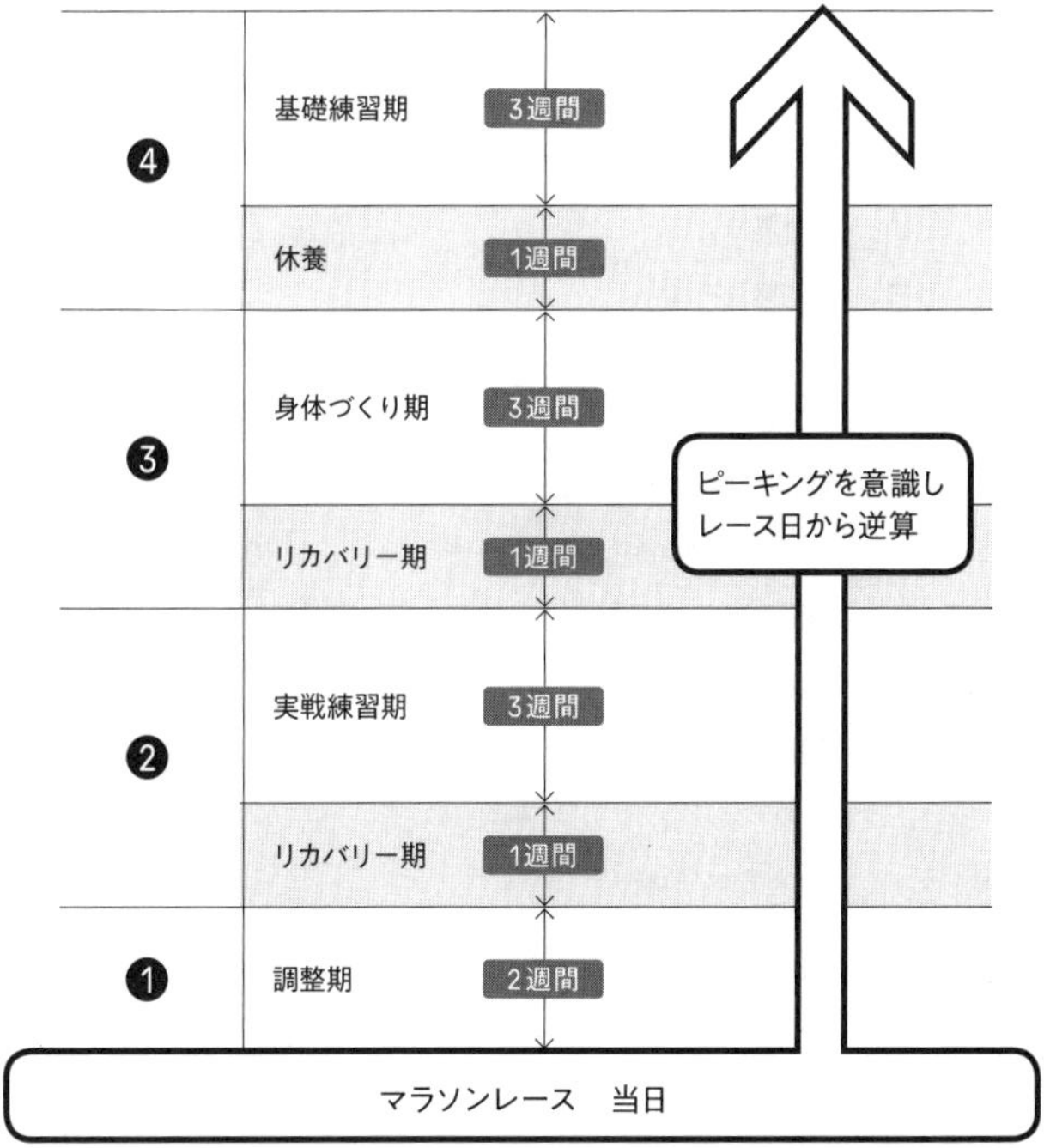

い。ただし、重要なポイント練習をこなせないままレース近くまで過ごしてしまうと、そのときになってはじめて「弱点」として表れてしまう。**レースまでどのくらいの時期で、今、自分が何をしなければならないのか、そして今、なにができていないのかをしっかり把握することが大切だ。**このことを意識して、トレーニングを積み重ねてほしい。

Step **3**

月	休養
火	JOG 40分 WS 3本
水	坂D 7本
木	休養or軽いJOG
金	JOG 40分
土	PR走 5km
日	LSD 90分
月	休養
火	JOG 40分
水	JOG 40分 WS 3本
木	休養or軽いJOG
金	JOG 60分 WS 5本
土	LSD 90分
日	持久走 15km

メインとなるポイント練習、ブリッジ練習が決まったら、残りのあいてる日の練習メニューを決めよう。仕事の忙しさや疲労度合など各自の状況に応じて、JOG、筋トレ、休養などを組み合わせて設定すれば、メニューは完成だ。

■日々のトレーニングメニューのつくり方

期ごとの練習メニューをつくる際は、
Step**1** ポイント練習を設定する。
Step**2** ポイント練習とポイント練習をつなぐ、ブリッジ練習を設定する。
Step**3** その他の日のトレーニングメニューを設定する。

Step **1**

月	
火	
水	
木	
金	
土	PR走 5km
日	LSD 90分
月	
火	
水	
木	
金	
土	LSD 90分
日	持久走 15km

休日で練習時間がとれる土日を中心に、まずは「ポイント練習」を設定。これらがトレーニングの軸となる。連休を使ってスピード練習とスタミナ練習を組み合わせた「セット練習」を実施するのもいいだろう。

⇒

Step **2**

月	
火	JOG 40分 WS 3本
水	坂D 7本
木	
金	
土	PR走 5km
日	LSD 90分
月	
火	
水	JOG 40分 WS 3本
木	
金	JOG 60分 WS 5本
土	LSD 90分
日	持久走 15km

土日のポイント練習と、次の週末のポイント練習をつなぐのが「ブリッジ練習」。間があき過ぎてしまわないよう、平日の水曜日にブリッジ練習で刺激を入れよう。また、土曜日の練習のために、金曜日に刺激を入れてもOK。

※ 本書では、トレーニングメニューは「土日休み」を前提に設定している。
平日休みの人や休みが不定期な人は、トレーニングの内容、順番をアレンジして組み立てよう。

レースに向けてコツコツとトレーニングを積み重ねる「セルフマネジメント」が、マラソントレーニングにとって重要だ。これは、レースでの走りのマネジメントにも生かされる。しっかりしたトレーニング過程で自信がつけば、前半で慌ててスピードを上げ、後半失速するというありがちなレース展開にならずに済む。

レースをイメージすること。そしてそのイメージに向けてトレーニングを組み立てて実践し、これらをトータルでマネジメントすること。これこそがマラソンで最もむずかしいことであり、醍醐味でもあり、最大の楽しみなのだ。

なお本書においては、トレーニングメニューを大きく初心者・中級者・上級者用に分けた。フルマラソンでの完走（6時間台）を目指す「初心者」、サブ4（4時間以内での完走）を目指す「中級者」、サブ3（3時間以内での完走）を目指す「上級者」としているが、これらはあくまで目安である。どこにも該当しない人もいるだろうし、微妙な境界線に立っている人もいるだろう。

しかし、トレーニングに関する根本的な考え方は一貫している。それぞれを参考にしながら、自分なりのトレーニングメニューをアレンジして組み立ててほしい。

第3章

初心者マラソントレーニング

目標は完走　6時間以内で完走する！

なぜ6時間？こんな人がターゲットだ！

「ダイエットを目的にランニングをはじめたけれど、より具体的な目標がほしかった」「友人にすすめられて」「ホノルルマラソンを走ってみたかった」「東京マラソンに出場した知人の応援に行って憧れて」……。

みなさんがフルマラソンに出場してみようと思ったキッカケはまちまちだろう。そして、いざチャレンジしようと思い立ったものの、実際に42・195㎞もの距離を走ってみたら、自分がどれほど疲れてしまうのか、どのようなレースになるのか想像もつかないという人がほとんどだろう。

日本国内で最も人気の高いレースとなっている東京マラソン。その東京マラソンの魅力のひとつは、7時間という国内でもかなり長い制限時間を設けていることと。東京マラソンで完走するためには、少なくとも6時間台で走破することが必要だ。また、制限時間がないことで人気の高いホノルルマラソンでは、ゴールする人数が最も多いゾーンが5～6時間台である。このような状況を考えると、**マラソン初心者が最初に目指すのが、この「6時間」になるだろう。**運動不足で体力に不安があるが、フルマラソンに挑戦し完走したい、というレベルの人でも、ここで紹介する100日間トレーニングを積み、基礎体力をつければ、必ずこの目標を達成することができる。

6時間で完走するには、平均して1㎞8分32秒というペースで走り続ける必要がある。これはJOGとしても相当遅いペースであり、通常の場合、全部を走っているわけではなく、歩きとJOGを織り交ぜながら完走する場合がほとんどだ。したがって、このタイムは、さほどトレーニングを積んでいない初心者が目指すもの。ここで紹介するメニューは、**ダメージを極力少なくし、マラソンを心から楽しんで完走するために、基礎体力をつけることを目的にしたトレーニングとなっている。**

内容は、基礎体力をつけるために、WALK、JOG、LSDの組み合わせが中心だ。その距離や時間を徐々に延ばしていこう。特にWALKが多くなっているが、実際にフルマラソンを6時間で走るときはランニングに近いWALKの状態もあるので、ある程度長い時間、長い距離を歩けるようになっていることが大切だ。

メニューの半分程度でもこなせれば、基礎体力は必ずアップするが、あまり間隔をあけ過ぎてしまうと、せっかくついたはずの体力も元に戻ってしまうので、その点は注意が必要だ。

初心者のための心得5カ条

○ウォーキングをトレーニングとしてとらえよう
○脚づくり、筋力アップが重要な目的
○身体への負荷を減らすために、無理をしない程度にダイエットしよう
○すべてのトレーニングを完璧にこなそうとし過ぎない
○間隔をあけ過ぎないようトレーニングをできるだけ継続する

第1クール① 導入期

このレベルでマラソンの完走を目指すみなさんは「今までほとんど運動をしていなかった」という人が多いだろう。フルマラソンを完走するためには、基礎体力の向上が重要だ。

まずはじめは、「歩くこと」を中心に取り組もう。**単なる散歩ではなく、しっかりとウォーキングのトレーニングになるように、意識してなるべく速く歩くこと。**

2週目からは、早速JOGもメニューに加わってくる。この時点では、このメニューのとおりにJOGはできないかもしれない。それでも心配無用。この段階で無理をしてケガをしてしまえば、早々に練習ができなくなってしまうので、無理はせず歩いたほうがいい。そして、少しずつメニューどおりにこなせるように、徐々に体力をつけていこう。

第1クール①

レース99日前～91日前
14週間前～13週間前

まず、歩くことからはじめよう。

導入期

14週間前	99日前（土）	WALK 40分
	98日前（日）	WALK 60分
13週間前	97日前（月）	休養
	96日前（火）	休養 or 軽いWALK
	95日前（水）	WALK 40分 JOG 15分
	94日前（木）	休養 or 軽いWALK
	93日前（金）	休養 or 軽いWALK
	92日前（土）	WALK 30分 JOG 15分
	91日前（日）	JOG 30分

POINT 運動不足を解消するために、まずは歩くこと。歩く距離が延ばせるようになったら、徐々に走ってみよう。

memo

WALK ウォーキング　　JOG ジョグ

第1クール② 導入期

≫レース90日前~84日前　12週間前

第1クールの最終目標は、「50分JOG」。

当然、人によって体力はまちまち。最初の時点で5分のJOGも苦しいという人には、この50分JOGは困難なトレーニングだ。ここでも、無理は禁物。**JOGが苦しくなったら、WALKに切り替えてしっかり歩こう。**

メニューをある程度こなせていれば、このわずか2週間余りでも、トレーニングをはじめたころに比べて随分と身体の変化を感じられるはずだ。

第1クール②

レース90日前〜84日前
12週間前

初心者

無理のない「50分JOG」を。

導入期

12週間前	90日前（月）	休養
	89日前（火）	休養 or 軽いWALK
	88日前（水）	WALK 40分
	87日前（木）	休養 or 軽いWALK
	86日前（金）	休養 or 軽いJOG
	85日前（土）	WALK 40分 JOG 15分
	84日前（日）	JOG 50分 POINT

POINT
50分間続けて走る。
苦しくなったら、WALKに切り替えてもOKだ。

memo

WALK ウォーキング　JOG ジョグ

第2クール① 導入期

第1クール同様、導入期のメニュー構成が続く。ただしここでは、**第1クールに比べて余裕を感じながら動けるようになっているかどうかを意識しよう。**

このクールに入っても、身体のあちこちに筋肉痛などが出てくるだろう。筋肉痛は故障ではないので、休養によって痛みは緩和するはず。また筋肉痛は、筋肉が成長し、体力がついている証拠でもあるので、うまく付き合っていくようにしよう。

トレーニング前後の準備運動やストレッチなども効果的だ。あるいはお風呂にゆっくりつかりながら、疲労を感じている部分をマッサージしたり、風呂上がりに冷水シャワーのアイシングやストレッチをするなど、筋肉疲労をため過ぎないように注意しよう。

第2クール①

レース83日前~77日前
11週間前

初心者

トレーニングは休まず、休養はしっかりと。

導入期

11週間前	83日前（月）	休養
	82日前（火）	休養 or 軽いJOG
	81日前（水）	JOG 40分
	80日前（木）	休養 or 軽いWALK
	79日前（金）	休養 or 軽いWALK
	78日前（土）	WALK 30分 JOG 30分
	77日前（日）	JOG 50分

POINT（81日前・78日前・77日前）

POINT
土曜日・日曜日がポイント練習、水曜日がブリッジ練習。週3日の大切な練習なので、なるべく休まないようにこなしていこう。

memo

WALK ウォーキング　　JOG ジョグ

第2クール② 導入期

このクールのポイント練習は、日曜日ごとに設定している「50分JOG」だ。

第1クールのときには、JOGが苦しくなったら、WALKに切り替えてもよしとしたが、第2クール最後の日曜日には、50分JOGをぜひ実現したい。**決してスピードは必要ない。ゆっくりと楽に走れるペースでかまわないので、50分間、しっかりと走り続けることが大切だ。**

土曜日、日曜日（特に日曜日）に設定しているトレーニングはポイント練習だ。**水曜日に設定している練習は、週末と週末のポイント練習をつなぐための刺激となるブリッジ練習なので、できるだけ休まないようにしよう。**

第2クール②

レース76日前〜70日前
10週間前

初心者

「50分JOG」を走りきろう。

導入期

10週間前	76日前（月）	休養
	75日前（火）	休養 or 軽いJOG
	74日前（水）	JOG 40分
	73日前（木）	しっかりWALK
	72日前（金）	休養 or 軽いJOG
	71日前（土）	WALK 30分 JOG 30分
	70日前（日）	JOG 50分 ● POINT

POINT ゆっくりでいいので、
このクールの 50 分 JOG はしっかり走りきろう。

memo

WALK ウォーキング　JOG ジョグ

第3クール① 導入期

≫レース69日前〜63日前　9週間前

第1クール、第2クールと比較しても、少しずつ練習時間が長くなってくる。特に土曜日、日曜日に関しては、「60分WALK＋30分JOG」「60分JOG」といったように、比較的長い時間のトレーニングメニューとなっている。

こうした長い時間、身体を動かすことを習慣づけるようにしよう。だいぶ身体が動くようになってきて、人によっては心地よさを感じてくる時期だ。

また、長い時間運動することで、汗をかく量も増えてくる。運動中に脱水症状などをおこさないように水分をとるなど、水分補給にも注意しよう。

第3クール①

レース69日前～63日前
9週間前

長時間身体を動かす習慣を身につける。

導入期

9週間前	69日前（月）	休養
	68日前（火）	休養 or 軽いJOG
	67日前（水）	JOG 40分
	66日前（木）	しっかりWALK
	65日前（金）	休養 or 軽いJOG
	64日前（土）	WALK 60分　JOG 30分 POINT
	63日前（日）	JOG 60分

POINT
徐々に走る距離を延ばす。
長時間身体を動かす練習を習慣づけよう。

memo

WALK ウォーキング　　JOG ジョグ

第3クール② 導入期

≫レース62日前〜56日前　8週間前

順調にトレーニングを積んでいれば、60分JOGも問題なくできるだけの体力がついているはず。ランナーとまではいかなくても、立派な「ジョガー」である。

人によっては、WALKだけではもの足りないという場合も出てくるころだ。しかし、**メニューにWALKが組み込まれている場合は、しっかりと歩くようにしよう。走ることにだいぶ慣れてきた人なら、WALKが走りの基本となっていることを実感できるはず。**走っているときをイメージしながらフォームを意識して歩こう。

成長度合が急で、伸び率が高く、あまりにもこのメニューではもの足りなく感じる人は、ここで目標を高く設定し直し、中級者のメニューに取り組むのもいいだろう。

第3クール②

レース62日前～56日前
8週間前

ランニングの基本を再認識しよう。

導入期

8週間前	62日前（月）	休養
	61日前（火）	軽いJOG
	60日前（水）	JOG 40分
	59日前（木）	しっかりWALK（POINT）
	58日前（金）	休養 or 軽いJOG
	57日前（土）	WALK 60分　JOG 30分
	56日前（日）	JOG 60分

POINT　走ることに慣れてきたとしても、WALKの練習日は歩くようにしよう。WALKが、ランニングの基本だということを実感できるはずだ。

memo

WALK ウォーキング　　JOG ジョグ

第4クール① 導入期

レース55日前～49日前　7週間前

第4クール前半は、第3クールと同様の練習メニュー。後半にははじめて「リカバリー」という概念が出てくる。第5クール以降、トレーニングの量もさらに増えてくる。今まで頑張ってきた蓄積疲労もあるので、ここで一度身体を休めよう。

雨が続いた（カッパを着て練習したり、ジムでトレッドミルを走ることもできるが）、風邪をひいた、出張が入ったなどと、思ったように練習時間を確保できないこともある。ここまでのトレーニングが順調にこなせなかったために、疲労はたまっていないという人もいるだろう。しかし、**この時期のリカバリーは、「レースから逆算してのもの」。レースに向けてしっかりとしたトレーニングを積んでいくためにも、身体をリセットする必要がある。**

初心者

第4クール①

レース55日前～49日前
7週間前

前クールと同様のメニューをしっかりこなそう。

導入期

7週間前	55日前（月）	休養
	54日前（火）	休養 or 軽いJOG
	53日前（水）	JOG 40分
	52日前（木）	しっかりWALK
	51日前（金）	休養 or 軽いJOG
	50日前（土）	WALK 60分 JOG 30分
	49日前（日）	JOG 60分

POINT 最低限の基礎体力をつけるメニューもいよいよ終わりに近づいてきた。クール後半はリカバリー期なので、メニューをしっかりこなそう。

memo

WALK ウォーキング　JOG ジョグ

第4クール② リカバリー期

身体を休めるといっても完全に何もしない休養ではなく、練習量が相対的に減っているだけなので、必ずリカバリーを実践して、次のクール以降に備えてほしい。

とはいえ、この時点で全く予定どおり練習が積めていない場合、今後メニューどおりにトレーニングすると体力不足でケガをしてしまう場合もある。第3クール以前の練習メニューを参考にして、トレーニングを組み立て直したほうがいいケースもある。

また、このリカバリー期は、練習量が減り体重が増えやすい時期でもある。暴飲暴食などは禁物。ウエイトコントロールにも気をつけよう。

第4クール②

レース48日前〜42日前
6週間前

初心者

はじめてのリカバリー期。しっかり身体を休めよう。

リカバリー期

6週間前	48日前（月）	休養
	47日前（火）	休養 or 軽いWALK
	46日前（水）	JOG 40分
	45日前（木）	休養 or 軽いJOG
	44日前（金）	休養 or 軽いJOG
	43日前（土）	WALK 90分
	42日前（日）	JOG 40分

POINT トレーニングを積み重ねてきたため、疲労もたまっている。しっかり身体を休めよう。リカバリー期はウエイトが増えやすい。食事などの体重管理に要注意。

memo

WALK ウォーキング　JOG ジョグ

第5クール① 身体づくり期

≫レース41日前～35日前　5週間前

今までの導入期は、最低限の基礎体力をつけることが目的のトレーニングだった。**ここからは、いよいよ「フルマラソンを完走するための体力づくり」である。**3週間しっかりとトレーニングし、1週間リカバリーを行うことによって、レースに対する「ピーキング」の概念もより強く意識されてくる。

第5クールのポイント練習は、日曜日のLSDだ。最初の週は70分。次の週は90分。今までには経験したことのないような長い時間のランニングとなり、必然的に走る距離も長くなる。

また、平日のJOGの回数が増えるなど、全体的に距離と頻度が少しずつ増え、トレーニングはハードになってくる。人によっては相当な疲労を感じるケースもあるだろうが、故障しないように注意しながら、しっかりと練習をこなしていこう。

第5クール①

レース41日前～35日前
5週間前

ゆっくりでもLSDにチャレンジを！

身体づくり期

5週間前	41日前（月）	休養
	40日前（火）	しっかりWALK
	39日前（水）	JOG 60分
	38日前（木）	JOG 40分
	37日前（金）	休養 or 軽いJOG
	36日前（土）	WALK 60分 JOG 30分
	35日前（日）	LSD 70分 → POINT

POINT 「70分」「90分」という長時間・長距離の練習が増えてくる。ゆっくりでいいので、歩かずにしっかりと走りきろう。

memo

WALK ウォーキング　JOG ジョグ　LSD ロング・スローディスタンス

第5クール② 身体づくり期

LSDを行っている間は、身体が軽く感じたり、重く感じたり、途中でつらくなったりと、状況はさまざまに変化するはず。身体が軽く感じられればいいわけでもないが、走り終えたときに爽快な疲労感があればOK。理想は、余裕をもってLSDができることだ。

もし、ずっときつく感じてしまう場合は、第4クールまでの練習をさぼっていなかっただろうか？　今一度自分の練習を振り返ってみよう。

第5クール②

レース34日前～28日前
4週間前

LSDで走行中の感覚の変化を感じとろう。

身体づくり期

4週間前	34日前（月）	休養
	33日前（火）	しっかりWALK
	32日前（水）	JOG 60分
	31日前（木）	JOG 40分
	30日前（金）	休養 or 軽いJOG
	29日前（土）	WALK 60分 JOG 30分
	28日前（日）	LSD 90分 — POINT

POINT 余裕をもってLSDに取り組み、身体が軽く感じる、重く感じるなどの走行中の感覚の変化を感じとろう。

memo

WALK ウォーキング　JOG ジョグ　LSD ロング・スローディスタンス

第6クール① 身体づくり期

初心者のみなさんにとって、この一連のトレーニングで最もハードな練習となる「100分LSD」が、第6クール最大のポイント練習だ。

確かに相当ハードな印象を受けるだろうし、実際につらい練習になると思うが、今まできちんとトレーニングが積めていれば必ず達成できる。また、できてしまえば、**心地いい疲労感と達成感に包まれ、レース本番に向けても、大きな自信が得られるはずだ。**

第5クールから3週間連続のハードトレーニングになるので、身体も相当重く感じてくる時期だろう。**しかし、心配は全く無用。重く感じるくらいが、しっかりトレーニングを積み、力になっている証拠だ。**レース本番では、必ず気持ちよく走ることができる。

第6クール①

レース27日前〜21日前
3週間前

初心者

100分LSDと90分WALKで自分の力を最終確認。

身体づくり期

3週間前	27日前（月）	休養
	26日前（火）	しっかりWALK
	25日前（水）	JOG 60分
	24日前（木）	JOG 40分
	23日前（金）	休養 or 軽いJOG
	22日前（土）	WALK 60分 JOG 30分
	21日前（日）	LSD 100分 POINT

POINT 一番ハードな練習だが、
ぜひ達成してレースに向けた自信にしたい。

memo

WALK ウォーキング　JOG ジョグ　LSD ロング・スローディスタンス

第6クール② リカバリー期

なお、第6クール後半には、リカバリー期が用意されている。リカバリーの週前半では、しっかり身体を休めて、疲労をとり除こう。

レース15日前に当たる土曜日の**「90分WALK」は、ここまで鍛えてきた筋力を落とさないことが目的のトレーニング。**速めのペースでしっかりと歩こう。

トレーニングの負荷を下げつつも、ある程度の練習時間を確保することにより、身体を動かしながら疲労をとっていくという「積極的休養」を意識するのだ。

第6クール②

レース20日前~14日前
2週間前

初心者

長時間WALKで筋力低下の防止を！

リカバリー期

2週間前	20日前（月）	休養
	19日前（火）	休養 or 軽いWALK
	18日前（水）	JOG 40分
	17日前（木）	休養 or 軽いWALK
	16日前（金）	休養 or 軽いJOG
	15日前（土）	WALK 90分 ● POINT
	14日前（日）	JOG 40分

POINT 身体の疲労を抜くリカバリー期だが、速めのペースでしっかりWALK。長い時間歩き、鍛えてきた筋力を落とさないようにしよう。

memo

WALK ウォーキング　　JOG ジョグ

第7クール① 調整期

ここまでトレーニングを進めてきたら、最後の2週間は調整期だ。

「身体の疲労をとること」「身体に今までの練習の成果を思い出させること」が、この2週間での最大のテーマ。最高の状態でレースに臨めるよう、体調を整えよう。

第7クールのポイント練習は、レース7日前の日曜日に設定している90分LSDだ。次の週に走るレースをイメージしながら、ゆっくりしっかり走ろう。ここまでの調整が順調にできていれば、90分でも苦しさはほとんど感じることなく、かなり楽に走れるはずだ。

第7クール①

レース13日前~7日前
1週間前

初心者

LSDで翌週のレースをイメージしよう。

調整期

1週間前	13日前（月）	休養
	12日前（火）	しっかりWALK
	11日前（水）	JOG 60分
	10日前（木）	JOG 40分
	9日前（金）	休養 or 軽いJOG
	8日前（土）	WALK 60分 JOG 30分
	7日前（日）	LSD 90分 ― POINT

POINT レースで走る自分の姿をイメージしながら、ゆっくり走ろう。

memo

WALK ウォーキング　JOG ジョグ　LSD ロング・スローディスタンス

第7クール② 調整期

レース前日は、興奮して気持ちもはやると思うが、走って疲労をためてしまうのは禁物。とはいえ、身体には刺激を与えておきたいので、90分間しっかりウォーキングをしよう。そして、よく睡眠をとり本番に備えよう。

順調にトレーニングができている人ほど、身体もだいぶ絞れてきていることも想定される。レース本番が寒い時期の場合などには風邪をひきやすい。そうした体調管理にも十分に注意が必要だ。

ここまでしっかりとしたトレーニングをこなせていれば、6時間での完走はまず間違いない。自信をもって、レースに挑んでほしい。

第7クール②

レース6日前〜当日
レース当週

最高の状態でレースへ。体調を整えよう。

調整期

当週	6日前（月）	休養
	5日前（火）	休養 or 軽いJOG
	4日前（水）	JOG 40分
	3日前（木）	JOG 40分
	2日前（金）	休養
	1日前（土）	WALK 90分 ― POINT
	マラソンレース　当日	

POINT 翌日のレースに向けて興奮する気持ちを落ち着けよう。疲労をためないよう走らず歩こう。しっかり睡眠をとりレースに挑みたい。

memo

WALK ウォーキング　JOG ジョグ

第4章

めざせ！ サブ4 4時間以内で完走する！ 中級者マラソントレーニング

なぜ4時間？
こんな人がターゲットだ！

フルマラソンに出場し、見事完走を果たしたランナーには、完走という達成感だけではなく、ゴールタイムという結果もついてくる。これは、練習での努力やレースプランや技術の総合的な成果だといえよう。次にチャレンジするときには、もっといいタイムでゴールしたいという気持ちになるはずだ。

走ることが習慣化し、すでにしっかりとジョギングができるようになった市民ランナーにとって、マラソンのレースで最初に訪れる壁が「4時間」だと言える。しっかりと練習をしないときれそうできれないこのタイムは、ゴルフのスコアでいう「90の壁」。あるいは「100の壁」と似ているかもしれない。

国内で行われている多くの市民マラソン大会の制限はかつて5時間が主流だっ

た。もちろん、東京マラソンは7時間、湘南国際マラソンは6時間半と、制限時間がゆるいレースもある。

しかし、多くのレースの制限時間が5時間であることを考えれば、「4時間台」までのゴールは単なる「完走」に過ぎないとも言える。サブ4すなわち4時間をきり、「3時間台」という記録を実現させるためには、単なる「ジョガー」としてJOGを楽しんでいるレベルから脱皮し、もう1ステージ段階を上がり、いっぱしの「ランナー」へと成長を遂げなければならないのだ。

単純にJOGのペースで走っていただけでは、この4時間をきるペースにはならない。**4時間で完走するには、平均して1kmあたり5分40秒ペースで走り続けなければならないのだ。そのためには、しっかりした計画の下、トレーニングに励まないと達成できない目標だと言える。**

まずはトレーニング導入期、ランナーとしての身体の基礎づくりにじっくり時間をかけて取り組むことが重要だ。それは、ある程度の体力、脚力が備わっていないと、ハードになってくるトレーニングに対応できないからだ。

また、**最高の状態でレースに臨めるようレース当日に体調・体力をピークに仕上げていく「ピーキング」は、ただ完走を目指す場合と違って非常に重要となる。**

トップアスリートが実践している練習のエッセンスを取り込んでいくことになり、より「トレーニング」らしいものになってくる。マラソントレーニングの醍醐味を味わうことになるだろう。

中級者のための心得5カ条

○脚づくり、筋力アップに時間をかけよう

○いろいろなトレーニングメニューを複合的にこなそう

○トレーニングの意味を考えよう

○レースペースを身につけよう

○レースに向けたピーキングを意識しよう

第1クール① 導入期

このレベルでトレーニングに励む人は、すでにジョギングはできているはずだ。どのようにステップアップしていくのか、**レース本番に向けて変化していくプランの全体像をつかんだ上で、トレーニングに取り組もう。**

まずこの時期は、マラソンを走るための導入期。週に3~4回は、コンスタントに身体を動かすようにしたい。仕事で忙しく、メニューどおりのトレーニングがなかなか思うように実践できない人でも、**最低限、週末はしっかり身体を動かそう。**特に、週末に計画されているJOG、JOG+ウィンドスプリント(WS)、LSDといった練習は、しっかりこなす癖をつけたい。

第1クール①

レース99日前～91日前
14週間前～13週間前

中級者

身体を動かす癖をつけよう！

導入期

14週間前	99日前（土）	WALK 40分
	98日前（日）	WALK 60分
13週間前	97日前（月）	休養
	96日前（火）	休養 or 軽いJOG
	95日前（水）	WALK 40分 WS 3本
	94日前（木）	休養 or 軽いJOG
	93日前（金）	休養 or 軽いJOG
	92日前（土）	JOG 40分 WS 3本
	91日前（日）	LSD 90分

POINT（99日前・98日前・95日前・92日前・91日前）

POINT 週に3～4回身体を動かそう。
最低限、週末はしっかり走りたい。

memo

WALK ウォーキング　JOG ジョグ　LSD ロング・スローディスタンス
WS ウインドスプリント

第1クール② 導入期

》レース90日前～84日前　12週間前

ＷＳは今まで経験したことがない、という人も多いはずだ。**どのようなものかを、身体にしみ込ませるためにも、少し速く走る動きを取り入れよう。**はじめは本数が少なくてかまわない。大きなフォームで、風を感じながら気持ちよく走ることが大切だ。

また日曜日には、90分ＬＳＤを組み込んでいる。このくらいのＬＳＤは基本的にこなせる前提で、今後の練習が進んでいく。この時点で60分程度しか走れない人も、ゆっくりでかまわないので、90分連続して走れるように頑張ろう。「つらい」「むずかしい」と感じてしまう人もいるだろうが、身体は徐々に慣れてくる。できる範囲でチャレンジしてみよう。

第1クール②

レース90日前～84日前
12週間前

WSで速く走る動きを取り入れよう。

導入期

12週間前	90日前（月）	休養
	89日前（火）	休養 or 軽いJOG
	88日前（水）	JOG 40分　WS 3本
	87日前（木）	休養 or 軽いJOG
	86日前（金）	休養 or 軽いJOG
	85日前（土）	JOG 40分　WS 3本
	84日前（日）	LSD 90分

POINT

POINT　WS は大きなフォームをつくるのに効果的なトレーニング。慣れない練習かもしれないが、積極的に取り組もう。

memo

JOG ジョグ　LSD ロング・スローディスタンス　WS ウインドスプリント

第2クール① 導入期

≫レース83日前～77日前　11週間前

第2クール前半については、第1クール同様のメニューだ。同じようなメニューだが、しっかりと練習がこなせていれば、第1クール当初よりも楽に走れるようになっていると実感できるはずだ。

今後の練習がハードになってくることを想定しながら、しっかりとした基礎体力づくり、脚力づくりのための、メニューをこなしていこう。

第2クール①

レース83日前~77日前
11週間前

当初よりも楽に走れることを実感しよう。

導入期

11週間前	83日前（月）	休養
	82日前（火）	休養 or 軽いJOG
	81日前（水）	JOG 30分 WS 3本 (POINT)
	80日前（木）	休養 or 軽いJOG
	79日前（金）	休養 or 軽いJOG
	78日前（土）	WALK 40分 WS 3本 (POINT)
	77日前（日）	LSD 90分 (POINT)

POINT 次週にはリカバリー期がある。ここまでに基礎体力、脚力づくりをしていこう。

memo

WALK ウォーキング　JOG ジョグ　LSD ロング・スローディスタンス
WS ウインドスプリント

第2クール② リカバリー期

≫レース76日前～70日前　10週間前

第2クール後半には、早くもリカバリー期が設定されている。ここまでの練習メニューについての疲労レベルは、人によってまちまちだろうが、まださほどハードな練習ではないので、強い疲労を感じていない人もいるだろう。

しかし、トレーニングにはメリハリが大切。レース本番で最高のパフォーマンスを発揮できるように、体調のピークを調整するための「ピーキング」の概念を意識してメニューは組まれている。次のクールから練習も一段とハードになってくるので、この期間でしっかり身体を休めておこう。

また、**リカバリーとはいっても、90分LSDが60分JOGになっている程度。それでも、実際にこの程度のメリハリをつけるだけで、随分と身体が楽になって、疲労が抜けたように感じるはずだ。**ここは焦らず身体に少し楽をさせることを意識しながら、メニューを消化していきたい。

第2クール②

レース76日前~70日前
10週間前

決して焦らず、身体に少し楽をさせせよう。

中級者

リカバリー期

10週間前	76日前（月）	休養
	75日前（火）	休養 or 軽いJOG
	74日前（水）	JOG 40分
	73日前（木）	休養 or 軽いJOG
	72日前（金）	休養
	71日前（土）	JOG 60分 WS 5本
	70日前（日）	JOG 60分

POINT 1　レースまでのピーキングを考え、疲労がなくてもリカバリーを意識しよう。

POINT 2　リカバリーのために負荷が軽くなっているのは、90分LSDが60分JOGになった程度。これでも、随分身体が楽になっているのを感じることができるはずだ。

memo

JOG ジョグ　　WS ウインドスプリント

第3クール① 身体づくり期

≫レース69日前〜63日前 9週間前

ここから本格的な身体づくりがはじまる。トレーニングはよりハードになり、メニューのバリエーションも豊富になってくる。

特に注目してほしいのが「5㎞レースペース走」。**サブ4を目指す人たちにとっては、「1㎞5分40秒」という「ペースをつかむ」ことが非常に重要なテーマだ。**

今までのマラソントレーニングのなかでは、それほど意識したことがないという人も多いだろう。はじめはうまくペースが守れなくてもいいので、テストのつもりでチャレンジしよう。1㎞ごとにタイムをチェックしながら、5分40秒になるべく近づけるように注意しながら走ることが大切だ。

第3クール①

レース69日前〜63日前
9週間前

中級者

テーマはレースペースをつかむこと。

身体づくり期

9週間前	69日前（月）	休養
	68日前（火）	JOG 40分 WS 3本
	67日前（水）	RP走 5km（POINT）
	66日前（木）	JOG 60分
	65日前（金）	JOG 40分
	64日前（土）	LSD 90分
	63日前（日）	JOG 40分

POINT 1km5分40秒のレースペースを意識し、身につけよう。

memo

JOG ジョグ　LSD ロング・スローディスタンス　WS ウインドスプリント
RP走 レースペース走

第3クール② 身体づくり期

レース62日前～56日前　8週間前

この週の前半には坂ダッシュも登場する。最初はつらく感じるかもしれないが、しっかり7本こなそう。短い練習時間で、高い効果を得ることができるトレーニングだ。

また、坂でのランニングに慣れてきたら、土曜日に予定しているクロスカントリーもぜひチャレンジしたい練習のひとつ。

翌日の日曜日の15㎞持久走も、ペース感覚を大切にしながら行う。15㎞自体を走ることはさほど苦にならないはずだが、単純なＪＯＧより速いペースを保って走ることがポイントになる。ただし、レースペースよりは少し遅くていいので、5分40秒～6分というペースをきちんと守って走ろう。

第3クール②

レース62日前〜56日前
8週間前

中級者

多彩なトレーニングにチャレンジ！

身体づくり期

8週間前	62日前（月）	休養
	61日前（火）	JOG 40分
	60日前（水）	坂D 7本
	59日前（木）	休養 or 軽いJOG
	58日前（金）	JOG 40分
	57日前（土）	クロカン 40分
	56日前（日）	持久走 15km

POINT（60日前・57日前）

POINT 坂ダッシュ、クロスカントリーなどもしっかりこなしたい。バリエーション豊富なトレーニングで力をつけよう。

memo

JOG ジョグ　坂D 坂ダッシュ　クロカン クロスカントリー　持久走 持久走

第4クール① 身体づくり期

≫レース55日前〜49日前　7週間前

第4クール前半は、第3クールと似たような練習メニューとなっている。第3クールから、練習メニューのバリエーションが格段に増え、また練習量もかなり多くなっているので、疲労も徐々に蓄積してくる。**「休養」と設定されている日は、しっかりと休み、身体のメンテナンスにも注意を払おう。**たとえば、坂ダッシュの翌日に設定されている休養日には、今まであまり練習に取り入れたことがなかった坂ダッシュで、自分自身の身体にどの程度のダメージが蓄積しているのかをきちんと見極めることが重要だ。疲労が大きいときには、ただ休めるだけでなく、ストレッチやマッサージなども行いながら疲労をとる工夫をすることも大切だろう。

このクール前半の週末に予定されているクロスカントリーと90分LSDでは、蓄積疲労のあるなかでのハードな練習となり、相当な疲労を感じるはずだ。しかし、このクール後半はリカバリー期。休みの前のもうひと頑張り、という気持ちで取り組もう。

第4クール①

レース55日前～49日前
7週間前

故障に注意し、身体の管理も大切に！

身体づくり期

7週間前	55日前（月）	休養
	54日前（火）	JOG 40分
	53日前（水）	坂D 7本
	52日前（木）	休養 or 軽いJOG（POINT 1）
	51日前（金）	JOG 40分
	50日前（土）	クロカン 40分（POINT 2）
	49日前（日）	LSD 90分（POINT 2）

POINT 1
坂ダッシュなどの翌日は、身体にどの程度の疲労が残るかチェック。疲労度合が大きい場合は、しっかり休んで疲れをとろう。

POINT 2
クロスカントリー、LSDと2日続くハードな練習後は、1週間かけてのリカバリー期。

memo

JOG ジョグ　LSD ロング・スローディスタンス　坂D 坂ダッシュ
クロカン クロスカントリー

第4クール② リカバリー期

≫レース48日前〜42日前　6週間前

後半のリカバリー期は、前回のリカバリー期に比べても、身体の疲労がかなり大きくなってきているはず。意識して、しっかり身体を休めるようにしよう。

特に、「休養または軽いJOG」となっている日は、疲労に応じて無理をしないこと。疲労が大きいときはJOGをせず、しっかり休みをとろう。

第4クール②

レース48日前～42日前
6週間前

中級者

意識的に身体をしっかり休めよう！

リカバリー期

6週間前	48日前（月）	休養
	47日前（火）	休養 or 軽いJOG（POINT）
	46日前（水）	JOG 40分
	45日前（木）	休養 or 軽いJOG
	44日前（金）	休養
	43日前（土）	JOG 60分　WS 5本
	42日前（日）	JOG 60分

POINT 「休養または軽いJOG」は、自分の疲労度に応じて無理をしないように。休むことも大切なトレーニング。

memo

JOG ジョグ　　WS ウインドスプリント

第5クール① 実戦練習期

≫レース41日前～35日前 5週間前

ここからの3週間がレースに直結する練習期間。今まで基礎を培《つちか》ってきたのは、この練習期間を乗りきるための準備だったのだ。すべてのトレーニングが、レースのための基礎工事のようなものだと実感できるだろう。

ここで覚えてほしいのは「セット練習」の概念だ。たとえば、前半の水曜日に予定されている坂ダッシュは、前日の40分JOG＋WSとセットになっている。坂ダッシュを翌日こなすために、前日WSを行って刺激を入れておくのだ。

同様に、週末の5㎞レースペース走と90分LSDもセット練習。レースペース走でスピード感覚を養い、LSDでスタミナを補う。**メリハリのある練習を2日間行うことで、総合的な走力を養うことができる。**

中級者

第5クール①

レース41日前～35日前
5週間前

「セット練習」で、練習効果もUP!

実戦練習期

5週間前	41日前（月）	休養
	40日前（火）	JOG 40分 WS 3本 (POINT 1)
	39日前（水）	坂D 7本 (POINT 2)
	38日前（木）	休養 or 軽いJOG
	37日前（金）	JOG 40分
	36日前（土）	RP走 5km (POINT 2)
	35日前（日）	LSD 90分

POINT 1 翌日の坂ダッシュのためにも、WSでしっかりと刺激を入れておこう。

POINT 2 セット練習は、2日で1セット。順番や組み合わせをしっかり守って練習に取り組もう。

memo

JOG ジョグ　LSD ロング・スローディスタンス　WS ウインドスプリント
RP走 レースペース走　坂D 坂ダッシュ

第5クール② 実戦練習期

後半の週末の90分ＬＳＤと15㎞持久走もセット練習。この持久走はできるだけレース本番に近いペースで走るようにしよう。このセット練習によって、20㎞をレースペースで走っているのと同様の効果が得られる。

セット練習において、**どうしても練習日を1日しか確保できないときは、午前と午後に分けて1日で実施してもOKだ。ただし、身体への負荷を考えるとやはり2日に分けて行うのが望ましい。**またセット練習の1日目は、次の日の練習メニューを意識しながら、トレーニングを行うように心がけよう。

第5クール②

レース34日前〜28日前
4週間前

中級者

週末のセット練習は本番に近いペースで走ろう!

実戦練習期

4週間前	34日前（月）	休養
	33日前（火）	JOG 40分
	32日前（水）	JOG 40分 WS 3本
	31日前（木）	休養 or 軽いJOG
	30日前（金）	JOG 60分 WS 5本
	29日前（土）	LSD 90分 → POINT
	28日前（日）	持久走 15km → POINT

POINT 持久走はレース本番のようなペースで走ろう。LSD とのセット練習で、レースペースで 20km を走るのと同様の効果が。

memo

JOG ジョグ　LSD ロング・スローディスタンス　WS ウインドスプリント
持久走 持久走

第6クール① 実戦練習期

≫レース27日前~21日前 3週間前

いよいよサブ4に向けてのトレーニングも、山場を迎える。前半の週末、90分LSDと20㎞持久走というセット練習は、ハードなトレーニングだが、レースのための練習の総決算。手を抜かず、気を抜かず、しっかり走ろう。ここでしっかり走れたことが、レースを運ぶ上での自信につながるはずだ。

セット練習には、大きく2種類ある。ひとつは、軽い練習と重い練習を組み合わせることで、疲労が残らないようにするもの。もうひとつは、スピード系とスタミナ系など、異なる目的の練習を組み合わせることで大きな効果を得るもの。これは**分習法**の考え方だ。分けてセット練習を実施することで、個別に、よりハードなトレーニングが可能となる。これに対して、ハーフマラソンなどのレースを通して、レースに必要な要素をトレーニングするというのが**全習法**である。週末のセット練習の代わりに、ハーフマラソンなどのレースに出場するのも効果的だ。

第6クール①

レース27日前〜21日前
3週間前

ハードトレーニングとリカバリー、メリハリを意識しよう。

実戦練習期

中級者

3週間前	27日前（月）	休養
	26日前（火）	JOG 40分
	25日前（水）	坂D 5本
	24日前（木）	休養 or 軽いJOG
	23日前（金）	JOG 40分
	22日前（土）	LSD 90分 ● POINT
	21日前（日）	持久走 20km ● POINT

POINT レースに向けての山場のセット練習だ。手を抜かず、気を抜かず、ハードトレーニングをこなそう。

memo

JOG ジョグ　LSD ロング・スローディスタンス　坂D 坂ダッシュ
持久走 持久走

第6クール② リカバリー期

》レース20日前～14日前　2週間前

第6クール後半は最後のリカバリー期。身体は疲労困憊しているはずなので、十分に身体を休めよう。**練習期間のなかで最も休むことになるリカバリー期だ。**

とはいえ、せっかく積み上げてきた体力、脚力を弱めてはいけないので、週末のJOGやLSDをしっかりとこなすことも忘れずに。

第6クール②

レース20日前～14日前
2週間前

中級者

リカバリー期でも体力維持を忘れずに。

リカバリー期

2週間前	20日前（月）	休養
	19日前（火）	休養 or 軽いJOG
	18日前（水）	JOG 40分
	17日前（木）	休養 or 軽いJOG
	16日前（金）	休養
	15日前（土）	JOG 40分 WS 3本
	14日前（日）	LSD 90分

POINT（18日前（水））

POINT 第6クール後半は最後のリカバリー期。身体の疲労をしっかり抜こう。

memo

JOG ジョグ　LSD ロング・スローディスタンス　WS ウインドスプリント

第7クール① 調整期

最後の2週間はレースのための調整期。**レース当日に体調のピークを迎えられるよう、細心の注意を払ってこの時期を過ごしたい。**

リカバリー期で身体をだいぶ休めたはずなので、まず1週目の水曜日に5km レースペース走を行い、レースペースの感覚を取り戻す。次の週の水曜日10km持久走も、ほぼレースペースに近い速さでOK。自分の身体に、今までの練習の成果を思い出させるような意識をもとう。

いずれにしてもこの時期にきて、無理に長い距離を走ったり、スピード練習をしても無駄だ。それよりも練習をやり過ぎて、疲労を残さないことが重要である。

第7クール①

レース13日前~7日前
1週間前

中級者

RP走でペース感覚を取り戻そう。

調整期

1週間前	13日前（月）	休養
	12日前（火）	JOG 60分 WS 5本
	11日前（水）	RP走 5km ● POINT
	10日前（木）	休養 or 軽いJOG
	9日前（金）	休養 or 軽いJOG
	8日前（土）	JOG 60分 WS 5本
	7日前（日）	LSD 90分

POINT 休めた身体に、レースペースの感覚を思い出させよう。

memo

JOG ジョグ　LSD ロング・スローディスタンス　WS ウインドスプリント
RP走 レースペース走

第7クール② 調整期

レース前日のメニューは「40分JOG＋WS3本」。自分の身体に対して「明日はよろしく！」と刺激を与える意味で走ろう。

ただし、ここで注意しなくてはならないのは、**WSの際に速くなり過ぎないこと。与えるべきなのは、心肺への刺激ではなく、あくまで筋肉への刺激である。**ゼエゼエ、ハアハア言ってしまうような走りは禁物。**「腹八分目」のイメージで軽やかに走ろう。**速過ぎてしまうと、レースの際に、前半のオーバーペースを引き起こす要因ともなりやすいのでくれぐれもご注意を。

レースに向けて頑張り過ぎないこと、レースに向けて調整し過ぎないこと。このバランスが、フルマラソンのトレーニングに重要なのだ。

第7クール②

レース6日前～当日
レース当週

レースに向けて仕上げの調整。万全の状態に整えよう。

中級者

調整期

当週	6日前（月）	休養
	5日前（火）	休養 or 軽いJOG
	4日前（水）	持久走 10km
	3日前（木）	JOG 60分
	2日前（金）	休養 or 軽いJOG
	1日前（土）	JOG 40分 WS 3本 (POINT)
	マラソンレース　当日	

POINT WSは速くなり過ぎないように注意。心肺機能への刺激ではなく、筋肉に刺激を与えるのが目的だ。

memo

JOG ジョグ　WS ウインドスプリント　持久走 持久走

第5章

夢のサブ3

上級者マラソントレーニング

3時間以内で完走する！

なぜ3時間？こんな人がターゲットだ！

「サブ3」。3時間をきって2時間台で走ることは、フルマラソンにチャレンジする市民ランナーにとって憧れであり、夢のような目標だといえる。

トップアスリートのマラソンタイムも2時間1分台に突入し、高速化が進みつつある現在においても、2時間を切った選手がいないことを考えれば、2時間台というタイム自体、エリートランナーと同じタイムのカテゴリーとして肩を並べることになる。

しかし、サブ3を達成できるのは、全ランナーの10％に満たない。サブ4が「頑張れば達成できる」のに対して、サブ3は「いつかは達成したいと思う夢のタイム」というレベルだ。1㎞あたり4分15秒以上、時速14㎞を上回るペースで走らなくてはならないが、これは市民ランナーにとっては相当速いペース。一朝一夕に実現できるものではなく、計画的なトレーニングの積み重ねが不可欠である。

しかし、1㎞あたり4分15秒というペースは、かなり速いものの短距離のような全力疾走ではない。きちんと努力を重ねれば、市民ランナーでも実現可能な範囲のスピードなのである。大変だからこそ、やりがいを感じる目標になるはずだ。

私が本書で紹介するトレーニングメニューを組み立てる際に、基本に考えたのがこのサブ3を達成するためのメニューだ。このメニューをベースに、サブ4を目指す人、6時間以内で完走したい人のために組み立て直している。サブ3を目指すためのトレーニングメニューは戦略的に計画する必要があり、トレーニングに関する私の理論がふんだんに盛り込まれていると言っていい。

サブ3を実現する上で、最も重要なのがペース感覚。1㎞4分15秒以内のペースを、いかに楽に、イーブンペースをキープして走るか。このペース感覚を体得することに尽きるのだ。基礎づくり、身体づくり、実戦練習へといたるすべての場面でペースを意識したトレーニングが組まれている。

また、サブ3を達成するためには、中途半端な状態でレースに臨んだのではむずかしい。最高の状態でレースに臨めるよう、レース当日に体調・体力をピークにもっていく（ピーキング）意識は、中級者以上に大切だ。

上級者のための心得5カ条

○常にペース感覚を重視してトレーニングを実践しよう
○「4分15秒ペースでいかに楽に走るか」という感覚を忘れないこと
○レースのための総合力を身につけよう
○練習メニューをバランスよく組み立てよう
○レースに向けてしっかりとピーキングしよう

第1クール① 基礎練習期

このレベルでトレーニングに励もうというランナーは、最低でもハーフマラソンを1時間40分程度で走ることができる人たちだ。そして、60分JOG、90分LSDといった練習は「できて当たり前」というレベルにあるはず。これらは最低限実践すべき練習となってくる。

また、**ペース感覚を習得するためには、あまりゆっくり走る練習ばかりだと、動きが鈍くなりすぎるのでダメだ。ある程度スピード感のある練習が必要となるので、WSを効果的に利用していきたい。**このとき、1km4分15秒というペースを意識しながら走ること。できれば、レースペースより少し速い1km4分くらいか、それよりも少し速いペースで走れるといい。

第1クール①

レース99日前～91日前
14週間前～13週間前

上級者

スピード感のある練習をしよう。

基礎練習期

14週間前	99日前（土）	WALK 40分	WS 3本
	98日前（日）	WALK 60分	
13週間前	97日前（月）	休養	
	96日前（火）	休養 or 軽いJOG	
	95日前（水）	WALK 40分	WS 3本
	94日前（木）	休養 or 軽いJOG	
	93日前（金）	休養 or 軽いJOG	
	92日前（土）	JOG 40分	WS 3本
	91日前（日）	LSD 90分	

POINT

POINT WS を積極的に取り入れて、スピード感覚を養おう。

memo

WALK ウォーキング　JOG ジョグ　LSD ロング・スローディスタンス
WS ウインドスプリント

第1クール② 基礎練習期

前週もそうなのだが、メニューのなかに「休養」とある日でも、時間があるなら積極的にJOGを行おう。「軽いJOG」であれば、40分～60分程度が目安だ。

また今後、みっちり走り込むことになってくる。そのリズムを大切にするためにも、**1週間のサイクルを意識しよう。**たとえば、水曜日と土曜日と日曜日はきつめに、他の日は軽めにといったことを定期化し、リズムとサイクルを身体にしみ込ませるのだ。

このトレーニングメニューは、基本的な走力が身についている人たちを前提にしているので、当初からJOG＋WSと、LSDがメインの練習になっている。

第1クール②

レース90日前〜84日前
12週間前

トレーニングサイクルを身体にしみ込ませる。

基礎練習期

12週間前	90日前（月）	休養
	89日前（火）	休養 or 軽いJOG
	88日前（水）	JOG 60分　WS 5本
	87日前（木）	休養 or 軽いJOG
	86日前（金）	休養 or 軽いJOG
	85日前（土）	JOG 60分　WS 10本
	84日前（日）	LSD 120分

POINT 土日の練習と、週の真ん中の水曜日もきつめに設定。このトレーニングのリズムとサイクルに慣れること。

memo

JOG ジョグ　LSD ロング・スローディスタンス　WS ウインドスプリント

第2クール① 基礎練習期

》レース83日前～77日前　11週間前

第2クール前半は、第1クールとほぼ同様のメニューだ。**常に自分が走っているペースが1kmあたりどの程度のタイムなのかを意識しながら走るようにしよう。**ペースを身体の負荷で判断すると、体調によってブレが生じるので、「このペースだと、どの程度景色が速く流れるか」といった**「視覚」で判断する癖**を身につけよう。

このクール前半の日曜日に組み込まれたLSDについては、スタミナに不安がある人の場合、120分ではなく180分行ってみよう。

第2クール①

レース83日前~77日前
11週間前

「視覚」で走るペースを認識しよう。

基礎練習期

11週間前	83日前（月）	休養
	82日前（火）	休養 or 軽いJOG
	81日前（水）	JOG 60分 WS 5本
	80日前（木）	休養 or 軽いJOG
	79日前（金）	休養 or 軽いJOG
	78日前（土）	JOG 60分 WS 5本
	77日前（日）	LSD 120分 ● POINT

POINT スタミナに不安があるなら120分ではなく、180分LSDを行ってみよう。

memo

JOG ジョグ　LSD ロング・スローディスタンス　WS ウインドスプリント

第2クール② リカバリー期

この週は早速リカバリー期だ。ここまでの練習メニューでは、疲労は大きくないはず。しかしここも、**レース本番への「ピーキング」を意識**し、JOGとLSDのバランスを変え、少し軽めのトレーニングに抑えよう。**メニューはレースから逆算して計画的に組まれているのを忘れないこと。**次のクールからもっとハードなトレーニングになってくるので、この期間でしっかり身体を休めておこう。

サブ3を目指すレベルの人たちは、自分なりに練習を積み重ねてきているはず。これまでの練習度合によっても、疲労度や達成感はまちまちだと思う。少しきつく感じたとしても、練習の量やきつさにはすぐに慣れるので、積極的に取り組もう。もの足りなければ少し量を増やしてもいいだろう。ただし、リカバリー期についでは、しっかり身体を休めてほしい。

第2クール②

レース76日前～70日前
10週間前

上級者

「ピーキング」を意識したメニュー計画を常に念頭におこう。

リカバリー期

10週間前	76日前（月）	休養
	75日前（火）	休養 or 軽いJOG
	74日前（水）	JOG 60分
	73日前（木）	休養 or 軽いJOG
	72日前（金）	休養
	71日前（土）	JOG 90分 WS 5本
	70日前（日）	JOG 60分

POINT

POINT レース本番までのピーキングを考え、軽めの練習でリカバリー。レースまでのスケジュール計画を常に念頭に。

memo

JOG ジョグ　WS ウインドスプリント

第3クール① 身体づくり期

このクールから本格的な身体づくりのスタートだ。

まず前半は早速「レースペース走」がはじまる。「1km4分15秒」でしっかり走り、「ペースを身体にしみ込ませる」ことが重要だ。準備なくいきなり1km4分15秒で走るのはむずかしいので、**レースペース走を行う前には、しっかりウォーミングアップを行い、身体を温めてからトレーニングに励もう。**

レースペース走の前日には、WSを予定している。ここでも翌日のレースペース走を意識したスピードで走ってしっかり刺激を入れておこう。

レースペース走の翌日には90分LSD、土曜日には120分LSDが組まれている。速いペースで走った翌日のLSDで、スタミナ補充する意識も重要で、これらもすべてポイント練習だ。週に3回ポイント練習を行うことになる。

第3クール①

レース69日前～63日前
9週間前

上級者

レースペース走で、より実戦をイメージ！

身体づくり期

9週間前	69日前（月）	休養
	68日前（火）	JOG 60分　WS 3本（POINT 2）
	67日前（水）	RP走 5km（POINT 1）
	66日前（木）	LSD 90分
	65日前（金）	JOG 60分
	64日前（土）	LSD 120分
	63日前（日）	JOG 60分

POINT 1 レースペース走の前はしっかりウォーミングアップしてから臨もう。

POINT 2 レースペース走前日にはWSで刺激を入れる。翌日にはLSDでスタミナ補充。トレーニングにはバランスが大切だ。

memo

JOG ジョグ　LSD ロング・スローディスタンス　WS ウインドスプリント
RP走 レースペース走

第3クール② 身体づくり期

≫レース62日前～56日前　8週間前

この週の水曜日は「坂ダッシュ」を10本。週末には90分クロスカントリー、20km持久走（1km4分30秒～45秒程度のペース）と2日間で40km前後の距離を走る。練習もハードになってくるがしっかり走り込もう。持久走については、この時点では1km4分45秒でOK。ただし、今自分が走っているペースが、1km4分30秒なのか、40秒なのか、45秒なのかはきっちり把握しよう。

第3クール②

レース62日前〜56日前
8週間前

上級者

持久走でしっかりペースを把握！

身体づくり期

8週間前	62日前（月）	休養
	61日前（火）	JOG 60分
	60日前（水）	坂D 10本
	59日前（木）	休養 or 軽いJOG
	58日前（金）	JOG 60分
	57日前（土）	クロカン 90分
	56日前（日）	持久走 20km POINT

POINT 持久走は、この時点での自分のペースをしっかり把握しながら走ろう。

memo

JOG ジョグ　坂D 坂ダッシュ　クロカン クロスカントリー　持久走 持久走

第4クール① 身体づくり期

》レース55日前～49日前 7週間前

第4クール前半は、第3クールと同様の練習メニュー。クール前半の日曜日に実施するLSDについては、第2クールと同様に、スタミナに不安がある人の場合、120分ではなく180分に延ばしてもいい。ただし、**前日のクロスカントリーについては時間を増やさないこと。**疲労がたまってくるので、故障に注意したい。翌日のLSDを行いながら、クロスカントリーの疲労度合を確認しておこう。

翌週はリカバリー期なので、第2クールと同様、トレーニング量を減らしながら、しっかり身体の疲労を抜いていこう。

第4クール①

レース55日前〜49日前
7週間前

上級者

故障に注意し、身体の管理も大切に！

身体づくり期

7週間前	55日前（月）	休養
	54日前（火）	JOG 60分
	53日前（水）	坂D 10本
	52日前（木）	休養 or 軽いJOG
	51日前（金）	JOG 60分
	50日前（土）	クロカン 90分 ● POINT
	49日前（日）	LSD 120分 ● POINT

POINT 故障のリスクを避けるため、クロスカントリーは 90 分までにとどめよう。ただし、スタミナに不安がある場合、LSD は 180 分に延ばしても OK。

memo

JOG ジョグ　LSD ロング・スローディスタンス　坂D 坂ダッシュ
クロカン クロスカントリー

第4クール② リカバリー期

このレベルになると、トレーニングも相当ハードになってくる。準備運動→ウォーミングアップ→トレーニング→クールダウン→ストレッチおよびアイシングなど、一連の身体のメンテナンスが重要になってくる。また、こうしたリカバリー期に、マッサージを週に1～2回程度受けて、疲労を和らげるのもいいだろう。**特に、背中や腰など、体幹部分の疲労はたまりやすい。**脚部のように痛みをすぐに感じるわけではないが、走りに大きく影響する部分なので、疲労をためないように注意したい。

この時期のペース感覚は、当然各人の走力によって異なる。しかし、この時点で「どのくらいのペースで走ると、どのくらい疲労度があるのか」を1㎞あたり5秒～10秒程度の幅でコントロールしながら把握しておくことが大切だ。

第4クール②

レース48日前～42日前
6週間前

上級者

身体のメンテナンスをしっかりと！

リカバリー期

6週間前	48日前（月）	休養
	47日前（火）	休養 or 軽いJOG
	46日前（水）	JOG 60分
	45日前（木）	休養 or 軽いJOG
	44日前（金）	休養
	43日前（土）	JOG 90分 WS 5本
	42日前（日）	JOG 60分

POINT マッサージなどで、体幹部分の疲労をためないように注意。

memo

JOG ジョグ　WS ウインドスプリント

第5クール① 実戦練習期

いよいよサブ3を目指す練習も、ここからの3週間が佳境《かきょう》。レースに直結する最も重要な期間となる。このクール前半の水曜日に設定されている坂ダッシュは、第3クール、第4クール同様10本。ハードなトレーニングというより、身体にスピードの刺激を入れる感覚で行いたい。前日火曜日の60分JOGの後に、WSで刺激を入れた状態で実施しよう。身体づくり期の第3、4クールに比べて、楽に走れているかどうかが重要になる。

最大のポイント練習は30km持久走。4分30秒～45秒のペースを持続して走ろう。後半、多少ペースが落ちてもやむを得ないが、ここで1km4分30秒のペースで走れるなら、サブ3が現実味を帯びてくる。翌日の2kmレースペース走×5本は必ずこなすこと。「持久走は4分30秒でこなせたが、翌日のレースペース走は休んでしまった」では練習効果が半減する。ペース走の間のインターバルは3分程度に設定しよう。

第5クール①

レース41日前～35日前
5週間前

上級者

30km持久走で、サブ3の可能性が見えてくる。

実戦練習期

5週間前	41日前（月）	休養
	40日前（火）	JOG 60分 WS 3本
	39日前（水）	坂D 10本
	38日前（木）	休養 or 軽いJOG
	37日前（金）	JOG 60分
	36日前（土）	持久走 30km（POINT）
	35日前（日）	RP走 2km×5本（POINT）

POINT 30km持久走は最大のポイント。1km4分30秒～45秒で走ろう。翌日の2kmRP走×5本も、セット練習として必ずこなすこと。

memo

JOG ジョグ　WS ウインドスプリント　RP走 レースペース走
坂D 坂ダッシュ　持久走 持久走

第5クール② 実戦練習期

レース4週間前の週前半は、少し練習量を減らす。

土曜日のLSDを行った後の日曜日の20km持久走は、頑張りどころだ。フルマラソン前半の走りをイメージして、できるだけレースペースに近いスピードで走ろう。

スタミナは十分についてきているので、多少足が重くても身体へのダメージは意外と少ない。ここまでの練習を順調にこなし、力がついていれば可能なはずだ。

第5クール②

レース34日前〜28日前
4週間前

上級者

レースまで4週間。前半は少し練習量を減らそう。

実戦練習期

4週間前	34日前（月）	休養
	33日前（火）	JOG 40分
	32日前（水）	JOG 60分
	31日前（木）	休養 or 軽いJOG
	30日前（金）	JOG 60分 WS 5本
	29日前（土）	LSD 150分
	28日前（日）	持久走 20km（POINT）

POINT 前日のLSDの疲労もあるだろうが、日曜日の持久走は、ほぼレースペースでしっかり走ろう。

memo

JOG ジョグ　LSD ロング・スローディスタンス　WS ウインドスプリント
持久走 持久走

第6クール① 実戦練習期

レース27日前〜21日前　3週間前

サブ3に向けた実戦的なトレーニングも終盤。最後のポイント練習は、前半の土曜日の30㎞持久走だ。第5クール最後の20㎞持久走がしっかりとこなせていれば、この持久走のペースは1㎞4分30秒で問題ない。30㎞をしっかり走りきることが重要だ。

第5クール最後の20㎞持久走と、今クールの30㎞持久走はつながっている。間のつなぎとして設定しているのが、25日前の15㎞ビルドアップ走。前の週の20㎞持久走を思い出しつつ、週末の30㎞持久走をイメージしながら走ることが大切。

前半最後の120分LSDは、前日の30㎞持久走の長めのクールダウンをイメージして走ろう。**ここで重要なのが「スタミナにふたをする」という感覚。**よりスピード感覚の強い練習をした翌日に、ゆっくり長く走ることによって、スタミナがなくならないように身体に閉じ込めることができるのだ。

上級者

第6クール①

レース27日前～21日前
3週間前

長めの距離を走って、スタミナにふたをする。

実戦練習期

3週間前	27日前（月）	休養
	26日前（火）	JOG 60分
	25日前（水）	BU走 15km
	24日前（木）	休養 or 軽いJOG
	23日前（金）	JOG 60分
	22日前（土）	持久走 30km（POINT 1）
	21日前（日）	LSD 120分（POINT 2）

POINT 1 最後のポイント練習。1km 4分30秒でしっかり走りきること。

POINT 2 前日の疲れをとるための、長めのクールダウンのイメージ。「スタミナにふたをする」感覚が大切だ。

memo

JOG ジョグ　LSD ロング・スローディスタンス　持久走 持久走
BU走 ビルドアップ走

第6クール② リカバリー期

≫レース20日前～14日前 2週間前

クール後半は、レース前最後のリカバリー期。土曜日のトレーニングは、ただのJOGで終わらず、1㎞だけレースペースで走ろう。これはスピード感覚を身体に思い出させるのが目的だ。

そして日曜日はゆっくりと120分LSD。ここも、**スピード感覚を呼び戻したところで、スタミナにふたをしておこう。**ここまで準備が進んでいれば、無理に長い時間走ることは避けよう。120分LSDを180分に延ばす必要はない。

第6クール②

レース20日前～14日前
2週間前

レース前最後のリカバリー期は スピード感覚を呼び戻す！

リカバリー期

2週間前	20日前（月）	休養
	19日前（火）	JOG 40分
	18日前（水）	JOG 60分　WS 3本
	17日前（木）	休養 or 軽いJOG
	16日前（金）	休養
	15日前（土）	JOG 40分　RP走 1km
	14日前（日）	LSD 120分 ― POINT

POINT スピード感覚を呼び戻したところで、スタミナにふたをしよう。

memo

JOG ジョグ　LSD ロング・スローディスタンス　WS ウインドスプリント
RP走 レースペース走

第7クール① 調整期

レース11日前の水曜日に設定した15kmビルドアップ走は、その後の土曜日の20km持久走のためのブリッジ練習だ。疲労がなければさらっと終えてもいいが、もし多少疲労が残っていれば逆にペースを上げて刺激を入れる。ただし、金曜日のWSはなるべく軽めの刺激にとどめよう。

最大のポイントとなるのが、レース8日前の20km持久走だ。**フルマラソンのレース前半を走るイメージで、しっかりフォームを意識しながら走ろう。レース当日と同様の時刻に起床し、食事し、準備をし、レースのスタート時間に合わせてトレーニングをはじめるのが効果的だ。**

第7クール①

レース13日前~7日前
1週間前

レース当日のリハーサルを行おう!

調整期

1週間前	13日前(月)	休養
	12日前(火)	JOG 60分 WS 3本
	11日前(水)	BU走 15km
	10日前(木)	休養 or 軽いJOG
	9日前(金)	JOG 40分 WS 3本
	8日前(土)	持久走 20km (POINT)
	7日前(日)	LSD 120分

POINT レースの前半を走るイメージで、リズムとフォームを意識して走ろう。

memo

JOG ジョグ　LSD ロング・スローディスタンス　WS ウインドスプリント
持久走 持久走　BU走 ビルドアップ走

第7クール② 調整期

≫レース6日前～当日　レース当週

前週の日曜日の120分LSDでスタミナにフタをしたら、最後の週は微調整。レース4日前の10㎞ビルドアップ走は、前の週のポイント練習だった20㎞の持久走とレース本番をつなぐブリッジ練習。翌日に90分のLSDで、スタミナにふたをするのも忘れずに。レース前日の土曜日は、2㎞レースペース走で、自分自身の身体に最後の刺激を入れよう。**調整といいながらも、最後の最後まで、入念に練習を重ねよう。**

ここまで徐々にレベルアップしながら、同じことを繰り返してきた。レースから逆算して、ポイント練習をブリッジでつなぎ、スタミナにふたをする。こうして少しずつスピードとスタミナを養ってきたのだ。ここまでくれば仕上がりは万全。自信をもってレースに臨もう。

第7クール②

レース6日前～当日
レース当週

細心の注意を払って最終調整。いざレース本番へ。

上級者

調整期

当週	6日前（月）	休養
	5日前（火）	JOG 40分 WS 3本
	4日前（水）	BU走 10km
	3日前（木）	LSD 90分
	2日前（金）	休養 or 軽いJOG
	1日前（土）	JOG 40分 RP走 2km（POINT）
	マラソンレース　当日	

POINT　レース前日もしっかり身体を動かそう。翌日のレースをイメージしながら、身体に刺激を入れよう。

memo

JOG ジョグ　LSD ロング・スローディスタンス　WS ウインドスプリント
RP走 レースペース走　BU走 ビルドアップ走

第6章

駆け込み30日トレーニング

今からでも大丈夫　時間がないあなたへ

レースまであと1カ月 完走するための最終手段！

「まわりからすすめられて」「どうしても一度チャレンジしてみたい」と、フルマラソンにエントリーしたものの、トレーニングをはじめる機会を逸してしまい、いまだ練習が進んでいない。そんな人もいるだろう。そんなあなたが、無事に完走できるだろうか。期待を裏切るようで恐縮だが、「無理だ」というのが、私からの率直な意見だ。

マラソンに「まぐれ」はない。練習でできていないことが、本番で突然できてしまうことはないのだ。レースだけがマラソンの醍醐味ではなく、レースに臨むまでのトレーニングも含めたすべてがマラソンであることをぜひ知ってほしい。

言うまでもなく、42・195㎞は相当長い距離だ。最低限度の基礎体力が必要となるため、練習せずに臨むのは厳しい。たとえ完走できたとしても、レース後のダメージは相当大きいはずだ。しかし、年齢・性別・運動経験に関係なく、きちんとトレーニングさえ重ねれば、この距離を走りきるのは実はさほどむずかしいことではない。

ここではレースまで1カ月しか時間がない人が、マラソン完走を目指す場合を想定し、最低限できることをやろうという趣旨でトレーニングメニューを考えてみた。

この場合も、いくつか注意すべき点がある。まず、**最低2週間で15km程度は走れるようになること。120分LSDがこなせるようになること。**これを実現するためにも、かなりハードなトレーニングが必要になる。休養の入れ方が限定されてしまうので、筋肉痛も伴う。しかし、せっかく鍛えた筋力を弱めないためにも、多少の筋肉痛を我慢して、うまく付き合いながらトレーニングを行わなければならない。時間に限りがあるため、やむを得ないのだ。頑張って取り組んでほしい。

駆け込みトレーニングは決して望ましいものではない

もしレースまで2カ月あるなら、1カ月間はこの練習をこなした後、最後の1カ月は初心者の第6クール、第7クール（116ページ～123ページ参照）のトレーニングに取り組んでみるのもよいだろう。

いずれにしても、1カ月のトレーニングでフルマラソンを走るのは、不可能ではないだろうが、私は決してオススメしない。ケガをしてしまう危険性が高いからだ。もし完走できたとしても、あなたの心に少しでも後悔の念が残ったなら、ぜひ次のレースはしっかりと計画したトレーニングを積んだ上で挑んでほしいと思う。

駆け込みトレーニング心得5カ条

○フォームを意識して、しっかりウォーキングをしよう

○最低2週間で15㎞程度を走れるようになろう

○120分LSDは必ず行おう

○時間がなく詰め込む練習はケガをしやすいので十分に注意

○筋力を弱めたくないので筋肉痛ともうまく付き合い、練習を重ねよう

第1クール① 駆け込み導入期

≫レース29日前～21日前　4週間前～3週間前

レースまで1カ月しかないが、普段ほとんど身体を動かしていない人にとっては、長時間歩くことすら億劫《おっくう》に感じるだろう。**まずはしっかりとウォーキングができるようになろう。**ある程度の時間、連続してウォーキングできるようになったら、JOGを組み合わせて少しずつ走る時間を長くしていこう。

レース21日前の日曜日には、60分JOGができるようになっていたい。1時間走るとなると、なかなかハードだと感じるだろうが、1カ月後にフルマラソンを走るからには、このくらいの練習はこなしたい。

第1クール①

レース29日前～21日前
4週間前～3週間前

トレーニングサイクルを身体にしみ込ませる。

駆け込み導入期

4週間前	29日前（土）	WALK 60分 JOG 10分
	28日前（日）	WALK 60分 JOG 20分
3週間前	27日前（月）	WALK 30分
	26日前（火）	WALK 30分
	25日前（水）	WALK 60分 JOG 30分
	24日前（木）	WALK 30分
	23日前（金）	WALK 30分
	22日前（土）	WALK 30分 JOG 40分
	21日前（日）	WALK 20分 JOG 60分 → POINT

30日
駆け込み

POINT
歩くことからはじめるが、
21日前には60分走れるようになっていたい。

memo

WALK ウォーキング　　JOG ジョグ

第1クール② 駆け込み導入期

≫レース20日前～14日前 2週間前

最大のポイントになるのが、レース15日前の土曜日に予定されている90分LSD。走るスピードはゆっくりで問題ないので、極力歩かないように頑張ってほしい。

「歩き」と「走り」は深く連動していて、共通点も非常に多い。まずはしっかり歩くことが、長い時間走ることにつながっていく。その点でも、フォームづくりは重要である。体力が十分ついていないのに、ロスの大きなフォームで歩いたり走ったりしていると、完走もむずかしくなるし、練習の過程でケガもしやすい。楽に歩き、楽に走れるよう、腰を落とさないように正しく大きなフォームを身につけるように意識しよう。

第1クール②

レース20日前〜14日前
2週間前

90分LSDを走りきろう。

駆け込み導入期

30日
駆け込み

2週間前	20日前（月）	休養 or WALK 30分
	19日前（火）	休養 or WALK 30分
	18日前（水）	JOG 60分
	17日前（木）	WALK 45分 JOG 15分
	16日前（金）	WALK 45分 JOG 15分
	15日前（土）	LSD 90分 — POINT
	14日前（日）	WALK 60分

POINT 第1クール最大のポイント。
90分休まず走れるように、極力ゆっくり走ろう。

memo

WALK ウォーキング　JOG ジョグ　LSD ロング・スローディスタンス

第2クール① 調整期

レース13日前～7日前　1週間前

早くも最後の2週間だ。体力をつけなくてはいけないのだが、レースで実際に走るためには、極度の疲労や故障を抱えた状態では完走はむずかしい。**レースに向けて、休養も入れながら体力を補強し、レースに向けた調整を進めたい。**

週の前半ではしっかり休みをとろう。急に運動を重ねたことで、筋肉や関節などに痛みが発生してくることも想定される。完全休養を入れることで少しずつ疲労を抜いていく。

一連のトレーニングメニューのなかで、最大のポイントになるのが、レース8日前に行う「120分LSD」だ。このトレーニングを実現するためにも、JOGとWALKを繰り返し重ねながら体力をつけていく。

第2クール①

レース13日前~7日前
1週間前

体力を補強しながら、レースに向けて調整する。

調整期

1週間前	13日前（月）	休養
	12日前（火）	休養
	11日前（水）	JOG 60分
	10日前（木）	WALK 45分
	9日前（金）	WALK 45分
	8日前（土）	LSD 120分 ● POINT
	7日前（日）	WALK 60分

POINT
120 分の LSD は、一番のハードトレーニング。
この練習をこなせるよう、
JOG と WALK を繰り返しながら備えよう。

memo

WALK ウォーキング　JOG ジョグ　LSD ロング・スローディスタンス

第2クール② 調整期

レース6日前〜当日 レース当週

ここまでの練習が順調に積めていれば、レース4日前に行う60分JOGは、練習開始当初に比べて相当楽に走れるようになっていることを実感するはずだ。**レース本番は、身体が多少重いくらいの感じでチャレンジしたほうがいいので、前日も90分LSDでゆっくり長めに身体を動かそう。**

レースの走り方は、60分JOGと10分WALKを5セット繰り返すイメージで走るのがいいだろう。想定しているのは、1km8分のゆったりペースだ。練習同様、焦ることなくゆっくりと歩を進めていくことで、完走が現実味を帯びてくる。

第2クール②

レース6日前〜当日
レース当週

レース前日に身体を動かすのが重要！

調整期

当週	6日前（月）	休養
	5日前（火）	休養
	4日前（水）	JOG 60分
	3日前（木）	WALK 60分
	2日前（金）	WALK 60分
	1日前（土）	LSD 90分 ― POINT
	マラソンレース　当日	

POINT レース当日は身体が重く感じるくらいでいい。
前日はゆっくり長く身体を動かそう。

memo

WALK ウォーキング　JOG ジョグ　LSD ロング・スローディスタンス

30日
駆け込み

第7章

マラソンあれこれQ&A

マラソンに関する疑問が一気に解決する！

誰からも教わることなく、小さな子どもたちは公園を走り回っている。「走る」のは、私たちにとって幼いころから身近な行為だったのだ。また、あらゆるスポーツにおいて最も基本的な動作である。

しかし、マラソントレーニングを行っていると、「走る」ことが、いかに奥が深く、むずかしいことなのかを実感するだろう。基礎トレーニングに関してどうすればよいのか、あるいはレースの際に注意することなど、さまざまな疑問が思い浮かぶはずだ。ここでは、マラソンに関するさまざまなシチュエーションでよく聞く疑問・質問に答えよう。

基礎トレーニング編

Q 走るときに腕はどうやって振ったらいいの？

A そもそも腕振りは、骨盤を動かし上半身と下半身を連動させるためのもの。単に肩で腕を動かすのではなく、肩甲骨から腕を振ることが重要だ。そのために大切なのが、「いい姿勢で立つ」こと。これがいい走りにつながる。走りながら肩甲骨を意識して腕を振ることで、正しい腕振りを身につけよう。

腕振りは、前に振るよりも引くほうが重要。力の入れ過ぎは禁物だが、小指、薬指に意識をおいて、ヒジを後方に引くようにすると、スムーズな腕振りができる。

Q レース前に40km走などの練習は必要ないか？

Ⓐ 本書のメニューでは、30km走などで十分練習効果が得られると考えているので、40km走はあえて入れていない。しかし、レース前に40km走ができるなら、より高い効果が期待できるだろう。また、「40km走を行った」という精神的な安心感もレースに臨む上でプラスに働くはずだ。ただし、どのタイミングで実施するかがむずかしい。

疲労やダメージが大きいことに加え、身体が反応し効果を発揮するまでには、自分が思っている以上に時間がかかる。40km走の練習効果をレース本番で生かすためにも、3週間前から1カ月前までに行っておくのがいいだろう。

Q 距離とペースのつかみ方はどうしたらよいか？

Ⓐ 中級者までは、細かく1km何分で走っているかということを把握していなくても、自分の走行時間さえ管理できていればOKだ。

しかし、フルマラソンにおいて、ペース感覚をつかむことは大変重要なので、特に上級者にとってペースを知ることは必須。

まず1km単位で距離のわかるコースを見つけ、ここで自分がどのくらいのペースで走っているのかを時計で確認しよう。心肺計、GPS機能付き時計、ペースメーカー、スマートフォンなど、ペース感覚を測るための機械もさまざまあるが、これらは誤差がつきもの。人間の感覚のほうが鋭いものだ。事実、トップアスリートは1秒も狂わないタイムでペースを刻んでくる。自分の体内時計の精度を高める努力をしよう。

また、ペース感覚を身につけていく際には、「苦しさ」で判断しないこと。体調や体重、疲労度合によって感じ方に誤差が出やすい。時計を確認しながら、流れる景色の速さから「視覚」でペースを覚えることが大切。夜間はスピードを速く感じやすいので、その点も注意が必要だ。

Q インソールや着圧の高いウエアなどいろいろあるが、実際に役に立つの？

A 昨今のランニングブームもあって、各メーカーが開発を競い合い、より機能性の高いさまざまな商品が市場に出てきている。消費者には喜ばしい限りだ。しかし注意すべきは、流行っているからといってすぐに使わないこと。よく機能を研究し、納得してから使うようにしよう。

テーピングなどを用いている人もいるだろうが、汗を大量にかく長距離ランニングの場合、テーピングの効果は短く、かえって身体のバランスを崩すケースもある。着圧の高い矯正ウエアなども同様の場合があり得る。

道具も大切ではあるが、何よりも、身体あっての道具だということを忘れないでおこう。

事実、トップアスリートはごくシンプルなウエアで走っている。マラソンは基本的にごまかしがきかないスポーツ。自分の身体を鍛えることを重視し、ギアは補助に過ぎないことを忘れないことだ。

Q 筋力トレーニングは本当に必要なの？

A 日ごろ運動不足の初心者は、走るための基礎体力が絶対的に足りないケースが多く、筋力トレーニングは効果的である。スクワットなどで走るための脚力をつけていくほか、腹筋、背筋といった体幹部分を鍛え、走るためのベースとなる筋力をパワーアップするのはいいことだろう。また上級者の場合は、故障予防などの目的で筋力トレーニングをすると効果的だ。

ただし、マラソンに必要な筋力は、最低限のものと考えるべき。マラソンを走る上では身体はなるべく軽いほうがいいが、筋力をつけ過ぎると身体が重くなるため、やり過ぎは禁物だ。ボディビルではないので、筋力トレーニングはあくまで補助的に取り入れよう。走ることによって、必要な筋力を強化していくのが望ましい。

Q 体重はどの程度がベストなのか？

A 身長と体重の関係から計算するＢＭＩ（ボディ・マス・インデックス）指数がひとつの目安になる。ＢＭＩとは、「体重（kg）／身長（m）の2乗」で算出される値で、肥満度の判定方法のひとつとして用いられる。体脂肪率との相関関係も高い。

ＢＭＩ指数の標準値は22・0とされるが、ランナーの場合はこの標準体重から少しやせ型になりがちだ。20〜22程度の幅におさまるように体重を調整するといいだろう。たとえば、身長１６５㎝の人であれば、体重59・９kgが標準体重となり、ＢＭＩ22・0を示す。54・５kgでＢＭＩ20・0となるので、54・５kg〜59・９kgの幅におさまっていればランナーとしては理想的だと言える。

レース編

Q　レースで準備するものはなに？

Ⓐ　大会への出場ハガキや事前に引き換え済みのゼッケンのほか、シューズ、ウエア、帽子、アームウォーマー、手袋、サングラス、絆創膏（男性の場合、乳首に貼ってウエアと擦れて痛まないようにする）、タオル、着替え、ツメ切りなど。身体をケアする消炎鎮痛剤やワセリンなどもあるといい。また、雨や気温が低

いときには、オリーブオイルやベビーオイルを持っていると便利だ。水を弾くと保温性が高くなる。太モモの前、腕やお腹、ヒザなどに塗っておくといい。

また走る時間が長くなりそうな人たちは、ウエストバッグにサプリメントなどの食料を入れておくのもいいだろう。

私はレースにもっていくこれらのグッズを、常に一式パッケージにしている。当日忘れてしまうと困るので、あらかじめまとめているのだ。

Q レース前の食事はどうしたらいい？

A レース前日の食事は、走るエネルギーとなる炭水化物を中心にとるのがいい。ごはん、パスタ、お餅などがオススメだ。

また、レースを走ると肝臓にも負担がかかる。直前はアルコールを控えめにしたい。また飲む場合は、お腹を冷やさないように、冷たいものではなく、たとえばお湯割にするなどの工夫をしよう。

　レース当日も、炭水化物中心がいいだろう。おにぎり2個、バナナ1本といった具合でいい。国内のレースであれば、おかずは控えめにして、ごはん中心の和定食などもいいだろう。バナナはミネラル豊富でマラソンに適していて、ランナーに人気だ。エイドステーションで出てくることもある。

　なお食事をとるタイミングだが、食事をとった直後は内臓に血液が集中するため、ある程度前に食べておいたほうがいいだろう。サブ3を目指すランナーであれば、スタート3時間ほど前に食べるのがいい。ただし、ゴールまでに6時間かかる人であれば、これでは走っている間に空腹を感じてしまう。できるだけ空腹を避けるために、スタート直前も何か食べるようにしたい。

Q ウォーミングアップはどうしたらいいか？

Ⓐ 故障を予防し、いいパフォーマンスを発揮するためにも、ウォーミングアップは非常に大切だ。

まずはしっかりと身体と筋肉を温めよう。関節や筋肉のストレッチなどでほぐし、入念なウォーキングを行う。

サブ3を目指して走る人は、さらに軽くジョギングを行って身体を温めよう。サブ3を目指すには1㎞4分15秒以内というレースペースで走らなければならないが、はじめからこのペースで走るためには十分なウォーミングアップが必要だ。

しかし、そのほかの人たちは、ウォーミングアップでジョギングは不要だろう。最初の10㎞をウォーミングアップのつもりで、ゆっくりスタートするくらいでちょうどいい。

冬場は、スタートラインの長い待ち時間で身体が冷えてしまうケースがある。最近は筋肉を保温するクリームなどもあるので、こうしたものを利用するのもいいだろう。冷えたままでいると、ヒザや足首などの関節が痛むケースもあるので注意したい。

Q　レースには、どのような気持ちで挑めばいいか？

Ⓐ まず、スタート前は興奮を抑え、落ち着いて冷静に淡々と過ごすことが大切だ。いざレースがはじまったら、「起承転結」で考えるのがいいだろう。

レース序盤、立ち上がりの「起」。なにより重要なのが、オーバーペースにならないこと。まわりのランナーは興奮して先を急ぎ、あなたを追い抜いていく人も多いだろうが、これに惑わされず、自分のペースをつかむことに注力しよう。

スタートして10㎞を過ぎ、レースの流れにも慣れてきたら、「承」だ。自分の走りもリズムがよくなり調子が出てくるころ。ついついスピードを上げたくなるが、ここは我慢が大切。ここで我慢してペースを保つことが終盤の粘りに必ず生かされる。

「転」は25㎞前後。我慢してゆったりしたペースをキープしてきても、ちょっとつらくなってくるころ。ここは頑張りどころなのだが、ポイントは「頑張り過ぎない」こと。頑張ろうという気持ちが強過ぎると、どうしても身体が硬くなる。レーススタートのころの初心に返り、基本のスタンスを思い出そう。目標のレースペースと、現在のペースを確認した上で、リラックスした走りを心がける。背伸びをする、太モモや首筋など身体に水をかけたりしてリフレッシュを図ろう。

そして最後は「結」。ゴールまで苦しい場面が続くが、我慢して粘り、歩かないように、あるいはスピードが落ちないように頑張ろう。いざ残り1㎞になれば、誰もが苦しくても走れるようになる。我慢から解放され、その先には栄光のゴールが待っている。ラストスパートでゴールを目指そう。

Q

理想的なレースのペース配分とは？

A 下の図を見てほしい。ここには、あるふたりの選手のレースペースが表現されている。

ありがちなオーバーペースは、前半身体が軽く感じ飛ばして行ったものの、ハーフを過ぎて失速。ペースの落ち込みは、ゴールが近づくにつれて特に激しくなるので、30kmを過ぎてからがものすごく厳しいレースとなる。

一方、理想のペースは、前半から少し

■レースでのペース配分

あるふたりのレース展開をグラフ化した。
マラソンを走る際によくある失敗が、レース序盤のオーバーペースだ。
①特にレース序盤はスピードを上げ過ぎないよう我慢することが重要
②中間点を過ぎ、レース終盤に近づくと、疲労が蓄積してくる。
　前半でためておいた余力を振り絞って、粘りの走りにつなげよう

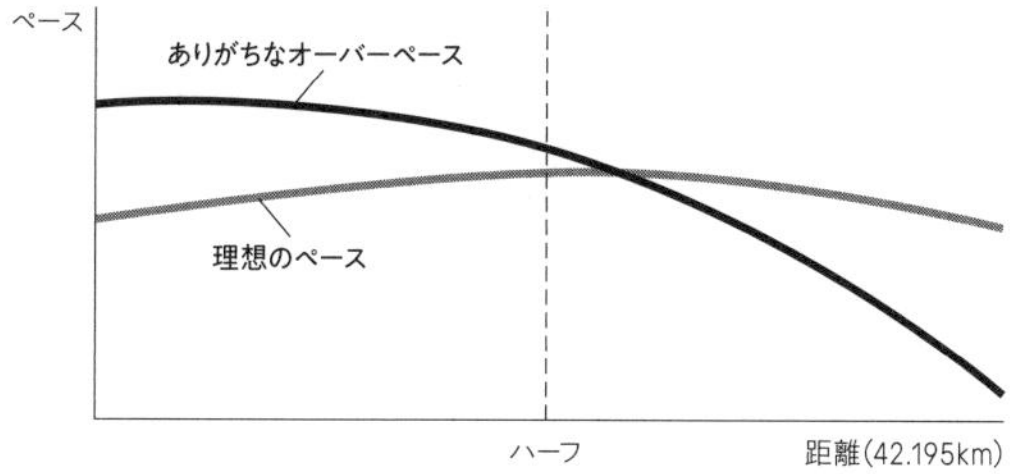

ずつペースを上げていき、後半多少ペースが鈍ったとしても粘って、その下げ幅を小さくするというレース運びだ。仮にずっと同じペースで走れた場合も、後半になるにしたがって蓄積疲労があるので、主観的な頑張り度合は後半のほうが大きくなる。したがって、前半でいかに頑張らず、後半でいかに頑張れる余力を残しているかが重要だ。

世界記録のペースを見ても、最後は少しペースが落ちてしまうもの。しかし序盤でペースを上げ過ぎないように我慢できていれば、終盤の粘りに必ずつながる。「レース序盤の我慢」こそが、マラソンのレース運びにおける最大のポイントだ。

Q 給水はどんなことを意識してとればよいのか？

A 時間をかけてゴールを目指すランナーはもちろん、サブ3を目指すランナーも、すべての給水をとったほうがいいだろう。給水ポイントが3㎞ごとであれば、

1カ所給水を飛ばしてしまうと、6km給水が得られないことになる。5kmごとであれば、1カ所給水を飛ばしてしまうと10kmもの間、給水が受けられないことになってしまう。これは後になって大きなダメージとなる場合もある。

水は飲むだけでなく、頭、首筋、ヒザや太モモといった脚部など身体にかけるのも効果的だ。特に暑い中でのレースではなおさらだ。

サブ3を狙うランナーであれば、ゆっくり時間をかけず、トップランナー同様さっと給水をとりたい。一方、完走を目指すランナーは、無理をせず歩きながら給水をとろう。給水が大切といっても飲み過ぎは禁物だ。お腹がタプタプするようでは、満足な走りはできない。

Q　レース中のトラブルにはどう対応したらいい？

A　ときとしてレース中にトラブルに見舞われることがある。

よく起こるトラブルは「マメ」だ。ひどいものができてしまうと、足を地面に着くのも痛く、走りのバランスが崩れてくる。痛いマメの部位をかばうあまり、別の場所に痛みを生じるケースもある。あまりにもひどい症状の場合は、無理をせずリタイアすることも検討したほうがいいだろう。

練習からマメができやすいタイプの人は、ワセリンを塗り、絆創膏を貼るといった対応は有効だ。靴のサイズが小さ過ぎたり、大き過ぎたりする場合もマメができやすいので注意しよう。

「けいれん」もよくあるトラブルのひとつ。塩分すなわちナトリウム不足や、水分不足のケースが多い。塩あめ、梅干しなどで塩分補給を心がけよう。スポーツドリンクにもナトリウムは含まれているので、給水時にスポーツドリンクを飲むのもいい。

また、血糖値が低くなってきた場合は、飴をなめるのもいいが、砂糖よりも果糖やブドウ糖がオススメ。そのためにも、クエン酸を含んだフルーツやスポーツドリンクが有効だ。

水は「飲む」だけでなく、「かける」のも重要だ。筋肉痛などが気になる場合もあるだろうが、水をかけて冷やすだけでもかなり効果がある。身体にかけたい場合は普通の水にすべきだ。レースが進むなかでとる給水は、水とスポーツドリンクの両方をとれればいいのだが、片方しかとれない場合にどちらをとるかは、自分自身の身体の状態を確かめながら判断しよう。

Q　レース終盤の苦しみにどうやって耐えればいいか？

A　レースも後半に入ると誰もが苦しい。しかし、積み上げてきたトレーニングとその努力を信じて頑張ることだ。

苦しみは波のようにやってくる。いろいろな種類の苦しみがあるが、これはずっと続くわけではなく、少し楽になるタイミングがあるので、そのときがくることを信じて苦しい時間帯を乗り越えよう。このように、マラソンはメンタル面の影響が大きく、精神力を必要とする。

自分を追い抜いていく人についていくことで、苦しみを忘れ乗りきれることもあるが、残りの距離とついていくランナーのスピードを勘案《かんあん》して判断しないと、結果的に単なるオーバーペースで余計に疲労してしまう場合もある。

ここまで苦しいシーンに出会うことは、人生のなかでもそう多くはない。苦しい場面に立たされたときに自分がどうなるのか、第三者の立場で自分自身を観察するのにもいい機会だと思う。

また、こういうときには沿道の声援がいかに温かく、勇気をもらえるかを実感するはずだ。また一緒に走っていて、自分と同じように疲れているランナーを見つけた際に、声を出して励ましながら走るというのも、意外に効果的だ。

マラソンレースのゴールは十人十色。ゴールの仕方は走る人の自由だ。ゴールまで走ったのは自分自身の脚でしかない。喜びのあまりガッツポーズになるかもしれないし、溢れる涙になるかもしれない。多くの感動をかみしめて、自分なりのゴールの喜びを味わってもらいたい。

レースに臨む心がまえについては、『金哲彦のマラソンレース必勝法42』（実業之日本社刊）もぜひ参考にしてほしい。

エピローグ

すべてのランナーの成功を願って

ランナーは、なにかのきっかけで走りはじめる。ランニングが習慣化されれば、やがてフルマラソン完走の喜びも味わえる。そして、その先の目標は記録更新への挑戦だ。自己記録の更新にトレーニングは必須条件。しかし、限られた知識と経験、あるいは時間のなかで、いったいどんなトレーニングをやっていけば記録が伸びるのか皆目見当もつかないというケースが、特に市民ランナーの場合は多いだろう。

本書は、おそらく市民ランナーに向けたはじめての本格的なマラソントレーニング解説本だと思う。

マラソントレーニングは奥が深く、非常に個別性がある。だからこそ、誰にでも理解・応用できることばに集約することはとてもむずかしい。私はコーチとして、あえてその難題にチャレンジした。

トレーニングメニュー作成に不可欠な能力のひとつは、運動生理学など〝知識〟の基本や裏付けにもとづき、そのメニューを実行するランナーがどう変化していくかを想像する「イマジネーション能力」である。

一見、単純な数字の羅列のようにみえるトレーニングメニューには、それを実行する肉体の複雑な変化のプロセスが埋め込まれているのだ。

トレーニングメニューに、1＋1＝2という単純な解答はない。100人いれば100通り。仮に同じ人が10回のマラソンを同じタイムで完走しても、10通りのメニューが存在する。そんな千差万別さにも、マラソンのおもしろさや醍醐味があるのだと思う。

「マラソントレーニングとは、自分自身の身体を自らの見識とイマジネーションでつくり上げる、アート制作のようなもの」

そんな風に考えると、1日1日のトレーニングもより充実し、かつ楽しくなるだろう。丹誠《たんせい》込めてつくり上げた世界にひとつだけの作品は、レースという発表会で多くの人の目に触れ、感動を生むことができる。

本書は構成の中村聡宏氏の協力がなければできなかった。中村氏は、あと4秒でサブ3ランナーとなるアスリートである。今回得た知識で、次回のレースではかならずやサブ3を達成してくれることを期待したい。そして、忙しさにかまけてなかなか筆が進まなかった私を、1年近くにわたりメールや飲み会で励まし、粘り腰でお付き合いいただいた編集の阿部雅彦氏、神野哲也氏がいなければ本書は完成しなかった。

最後に、これまでお世話になったすべての人々に感謝しつつ、マラソンを愛してやまないすべてのランナーの成功を願いたい。

金 哲彦

著者　金　哲彦（きん・てつひこ）

早稲田大学時代、名将・中村清監督の下、箱根駅伝で活躍。4年連続で山登りの5区を担当。区間賞を2度獲得し、84年、85年の2連覇に貢献。大学卒業後、リクルートに入社。87年別府大分毎日マラソンで3位入賞。現役引退後はリクルートランニングクラブで小出義雄監督とともにコーチとして活躍。有森裕子、高橋尚子などトップランナーの強化に関わる。その後、同クラブの監督に就任。現在はオリンピック選手から市民ランナーまで、幅広い層から厚い信頼を集めるプロフェッショナル・ランニングコーチとして人気を博す。テレビやラジオでマラソン・駅伝・陸上競技中継の解説者としてもおなじみ。『金哲彦のマラソン練習法がわかる本』『金哲彦のマラソンレース必勝法42』『金哲彦のマラソンメンタル強化メソッド』（いずれも小社刊）、『「体幹」ランニング』（講談社）など著書多数。1964年2月1日生まれ、福岡県出身。

本書は『金哲彦のマラソン練習法がわかる本』（2009年小社刊）に加筆・修正のうえ、新書版に再編集したものです。

金哲彦《きんてつひこ》の
マラソン100日練習《にちれんしゅう》メニュー

2019年12月20日　初版第1刷発行

著　者　金 哲彦
発行者　岩野裕一
発行所　株式会社実業之日本社
〒107-0062　東京都港区南青山5-4-30
CoSTUME NATIONAL Aoyama Complex 2F
電話（編集）03-6809-0452
（販売）03-6809-0495
ホームページ＝https://www.j-n.co.jp/
印刷・製本＝大日本印刷株式会社

ISBN978-4-408-33907-8（第一スポーツ）